KB037542

MCN
백만 공유
콘텐츠의 비밀

2016년 9월 25일 1판 1쇄 발행
2016년 11월 30일 1판 2쇄 발행

글 이은영
펴낸이 김상일 | 펴낸곳 도서출판 키다리
출판등록 2004년 11월 3일 제406-2010-000095호
주소 경기도 파주시 회동길 216
전화 031-955-1600(영업), 031-955-1602(편집) | 팩스 031-955-1601
이메일 kidaribook@naver.com | 페이스북 http://www.facebook.com/kidaribooks
ISBN 979-11-5785-128-7 (03320)

이 도서의 국립중앙도서관 출판시도서목록(CIP)은 서지정보유통지원시스템
홈페이지(http://seoji.nl.go.kr)와 국가자료공동목록시스템(http://www.nl.go.kr/kolisnet)에서
이용하실 수 있습니다.(CIP제어번호:CIP2016020420)

잘못된 책은 구매하신 곳에서 교환할 수 있습니다.

참좋은날 참좋은날은 도서출판키다리가 만드는 성인 단행본 브랜드입니다.

MCN 어떻게 비즈니스가 되는가

MCN
백만 공유 콘텐츠의 비밀

이은영 지음

참 좋은날

추천의 글

저자는 MBC를 거쳐 농아TV에서 패션뷰티전문 뉴스를 진행했고, 유진투자증권에서 해외주식 시스템트레이더로 활동했다. 홍보전문가이기도 한 저자가 클라우드 서버를 판매하는 비즈니스를 했다는 사실을 아는 사람은 많지 않다. 이 때문일까? 대화를 나눠 보면 그녀의 IT와 경제 분야에 대한 식견과 이해도에 새삼 놀라곤 한다. 지금은 SMC TV에서 뉴스전문 MCN 콘텐츠 '뉴스읽어주는여자'를 만드는 크리에이터이자, 한국경제TV의 '디지털 실크로드' 프로그램의 메인 MC이기도 하다. 그녀는 뉴미디어와 전통 미디어를 넘나들면서 끊임없이 영상 콘텐츠의 미래에 대해 고민한다. 유튜브에서 출발해 하나의 거대한 생태계를 이룬 인터넷 미디어 세계에서 어떻게 하면 새로운 가치를 담을 수 있는지 말이다. 이 책은 이 같은 고민을 하는 사람들에게 안내서 역할을 해줄 것으로 믿는다.

–아이뉴스24 성상훈 기자

저는 2015년에 MCN 기업인 트레져헌터를 창업하고는 이후 크고 작은 불편을 겪고 있습니다. MCN 비즈니스에 대한 시장의 뜨거운 관심만큼이나 주변의 시선들이 많아졌고, 그에 상응하는 성과를 보여줘야 하고, 책임져야 할 일들이 많아졌기 때문입니다. 그저 좋아하고, 잘할 수 있고, 사회적으로 의미 있는 일이라 판단해 인생을 걸고 뛰어든 사업은 생각보다 쉽지 않았습니다. 지금 이 시각에도 언제 신용불량자가 될지 모르는 고난의 스타트업 대표 생활을 하고 있습니다. 그런 제가 MCN 관련 업을 이야기하고 있는 이 책을 추천한다는 것이 적절한지 모르겠습니다. 다만, 제가 바라보는 관점에서 MCN은 모든 조직의 세포로 분화할 수 있는 능력을 지녔으나, 미분화 세포인 '배아줄기세포'처럼 글로벌 미디어업계의 새로운 생태계를 만들 수 있는 무척 흥미로운 사업임에는 분명하다고 생각합니다. 특히 이 책의 저자인 이은영 부사장은 적어도 대한민국 내에서는 누구보다 MCN 업계에서 실무 경험과 이론적 지식을 겸비한 보석 같은 분입니다. MCN이란 테마의 신영역을 통해 뉴미디어와 콘텐츠 비즈니스에 미래를 걸고자 하는 분들에게 일독을 권합니다.

–트레져헌터 송재룡 대표

MCN, 인플루언서, 크리에이터 같은 생소한 말들에서 세상의 변화를 실감한다. 대기업, 방송사, 메이저 포털들까지 앞다투어 MCN 업계에 진출하고 있는 시점에 그 속 이야기를 이은영 부사장은 톡톡 튀는 감성으로 멋지게 풀어냈다. 뉴미디어 시대에서 세상의 변화를 남들보다 조금 일찍 알면 삶을 조금은 더 풍요하게 만들 수 있을 것이다. 이 책은 온라인의 다양한 채널이 사람들의 삶 속에서 어떻게 화려하게 등장해서 꽃을 피우는지 아주 쉽게 설명해준다. 방송사, 증권사, 벤처기업 등 다양한 분야에서 쌓은 실무 경험과 인문학, 자연과학을 아우르는 독서를 통해 다듬어진 작가의 글은 MCN을 넘어 개인이 중심이 된 21세기형 뉴미디어가 어디로 발전해 나갈지에 대한 인사이트를 줄 것이다.

–M&A 컨설팅업체 ACPC 남강욱 부사장

2015년, 대한민국 영상 업계의 화두는 단연코 MCN이었다. 디지털 동영상 업계는 MCN과 오리지널 콘텐츠 제작사로 양분되는 듯했다. 하지만 시장의 변화는 빠르고, 어디서부터 어디까지 MCN이라는 말로 지칭해야할지도 모호해져 버렸다. 거기서 한발 더 나아가 기존 지상파, 영화, 디지털 콘텐츠들 간의 경계마저도 사라져가고 있다. 그런 시점에 시장의 주목 받는 핫한 뉴미디어 기업을 거쳐 긴박한 변화의 소용돌이 한가운데를 헤쳐나가고 있는 저자가 MCN의 중간점검과도 같은 책을 냈다. 이 책은 MCN 비즈니스를 이해하고자 하는 사람들에게 큰 도움이 될 것이다.

–칠십이초 성지환 대표

저자가 진행하는 라이브 방송에서 때론 장난스럽고 유머 넘치는 모습을 보아 오다가, 이 책을 대하고 보니 이런 깊은 통찰을 가진 사람이 어떻게 그런 통통 튀는 모습을 가질 수 있는지 신기하다. MCN이라는 다소 생소한 분야에 대하여 알기 쉽고 이해하기 쉽게 쓴 책이다. 페이스북 라이브 방송에서 저자는 MCN이 우리에게 어떤 형태로 다가오고 어떻게 활용할 수 있는지를 실천적으로 보여주고 있다. 이런 필자가 쓴 책이라 더 현장감 있고 피부에 와 닿지 않나 싶다. 이 책을 통해 MCN을 보다 쉽게 이해할 수 있을 뿐 아니라, MCN이 다른 비즈니스 분야에 어떻게 영향을 미치는지 알 수 있다. 특히 전자상거래 분야에서 오랫동안 몸담아 온 사람으로서, 뉴미디어와 상거래가 어떻게 결합하는지에 대한 설득력 있는 지혜를 얻을 수 있어 저자에게 고마움을 금할 수 없다.

–롯데액셀러레이터 김영덕 센터장 (前 G마켓 공동창업자)

MCN, 왕홍은 비주류(B급) 콘텐츠 제작자들의 반란을 상징한다. 우리나라의 경우 아프리카TV에 나오는 BJ들이 대표적인데 이들이 초창기에는 웹캠과 인터넷을 통해 먹방, 게임, 메이크업 혹은 엽기적인 행동을 송출하는 형식이었다. 내용과 퀄리티 모두 고급일 수는 없었을 터. 10~20대들이 향유하는 콘텐츠의 일부분에 머물렀을 뿐이다. 수면 위로 떠오른 것은 불과 1~2년 전이다. 하지만 이들의 영향력은 과거와 다르다. 이들은 PC, 모바일, 텔레비전을 넘나들며 수많은 팬층을 형성했다. 사람들이 모이니 비즈니스도 붙기 시작한다. 초반에는 바이럴, 배너 광고에 불과했지만, 이제는 e커머스 영역에도 이들의 콘텐츠를 필요로 하기 시작한다. 선두주자는 중국이다. 알리바바의 타오바오, 티몰, 징동상청의 JD닷컴에서 이들의 콘텐츠에 커머스를 붙이며 물건을 팔고 있다. 반면, 15여 년 전부터 인터넷 생방송 생태계를 만들어 온 한국은 더 이상의 발전을 이뤄내지 못했다. 왜일까? MCN의 최전선에서 활약하고 있는 이은영 SMC TV 부사장의 경험과 인사이트를 통해 실마리를 찾아보자.

–ICB 유재석 CP (前 모비인사이드 콘텐츠 디렉터)

빛의 속도로 진화하는 미디어의 변화는 마침내 광고주마저 미디어 전문가로 만들어가고 있는 듯하다. 미디어의 변화를 읽어내지 못하는 광고담당자는 광고 대행사로부터 무시당하는 형국이고, 회사로부터 광고비를 어디로 흘려버렸냐는 질타를 피할 수 없게 됐다. 이처럼 거대한 미디어 변화의 토네이도 속에서 이 책은 광고주에게 태풍의 눈처럼 맑은 하늘을 선사한다. 콘텐츠 미디어의 선두주자라 할 수 있는 MCN에 대해 이만큼 방대한 정보와 지식을 선사하는 책은 없었다. 저자는 MCN의 최전선에서 온몸으로 체험한 콘텐츠 미디어의 힘을 적나라하게 펼쳐보여준다. 광고주들은 헨젤과 그레텔의 빵가루를 줍듯 그저 그 길을 따라가기만 하면 된다. 그 길의 끝자락 즈음에서는 아마도 무릎을 탁 치게 될 것이다. 오랫동안 홍보, 미디어 분야에서 쌓은 경험과 통찰력이 뒷받침 되었겠지만, 무엇보다 사물을 바라보는 열정의 힘이 이 책으로 저자를 이끌었을 것이다. MCN이 콘텐츠 미디어의 주류가 되어가는 시대를 살면서 가장 'MCN스러운' 열정을 가진 저자의 책을 추천하는 것은 어쩌면 당연한 일이지 싶다.

–KCC 홍보팀 황홍석 부장 (前 LG전자 브랜드커뮤니케이션팀 부장)

어떠한 기술이든, 취미든 사람이 모이는 곳에는 바이블이라는 게 생긴다. 바이블은 먼저 앞서간 사람이 권위를 부리고자 만드는 게 아니라, 뒤따라오는 사람들을 위한 친절한 이정표라 생각한다. 이은영 SMC TV 부사장은 이러한 점에서 MCN이라는 길 위에 명확한 이정표를 세웠다. 이제 MCN은 특정인들의 세계가 아니다. 평범해 보이는 사람도 손 안에 스마트폰만 있으면 멋진 크리에이터가 된다. 이러한 개성 있는 여러 사람들이 뒤엉키고, 화합하고, 발전하는 곳에서 이은영 SMC TV 부사장은 책을 통해 그들을 친절하게 안내한다 "쭉 뻗은 길에서 길을 잃어버리는 사람은 없다." 에이브러햄 링컨의 말처럼, MCN이라는 세계에서 길을 잃어버리지 않게 손을 따뜻하게 잡아주는 책을 만나니 기쁘다.

–콩두컴퍼니 서경종 대표

전문 분야의 책을 타인에게 추천하는 일은 만만한 일은 아닙니다. 더군다나 그 분야가 새로운 산업 분야라면 더욱 그렇습니다. MCN에 대한 책 역시 그렇습니다. 그러나 〈MCN 백만 공유 콘텐츠의 비밀〉, 바로 이 책은 2015년에 송재룡 대표와 트레져헌터를 설립하면서 고민했던 많은 화두와 이슈들을 일목정연하게 정리해주었네요. 이뿐 아니라 국내 MCN 관련 업계가 풀어야 할 숙제를 날카롭게 제시해준 최초의 책으로 의미가 깊습니다. 매일 밤을 새가며 MCN 시장을 개척하는 이들의 횃불과도 같은 역할이 되어준다는 점에서 관련 업계 독자들에게 일독을 권합니다.

–유니온투자파트너스 김영도 이사 (前 트레져헌터 부사장)

사실 나는 저자를 잘 모른다. 저자가 운영하는 페이스북 페이지 "뉴스읽어주는여자(뉴리걸)"의 구독자이긴 하지만 오프라인에서 딱 두 번 만난 사이다. 온라인은 자신이 보여주고 싶은 모습만을 골라 보여주는 공간이기에 내 상식으로는 잘 모른다고 하는 게 맞다. 잘 모르면서도 추천사 요청에 흔쾌히 허락했다. 왜일까? 저자는 매력이 있기 때문이다. 저자는 뭐든 참 가볍게 한다. 뉴리걸도 그렇고 자신이 부사장으로 있는 회사도 그렇게 시작했다고 한다. 이게 맞는 방향인지, 잘 아는지 그런 걸 따지면서 시간을 낭비하지 않는다. 이 책에도 저자의 그런 매력이 담겨 있다. 숨가쁘게 변하는 디지털 미디어 현장의 이야기를 활자로 바꾸어내는 작업은 가벼운 호흡이 아니면 불가능했을 것이다. 저자는 MCN이라고 통칭되는 다양한 사업자를 중심에 놓고, 미디어가 변해가는 모습을 스냅샷으로 찍어 잘 엮어 놓았다. 물론 활자화 작업 동안 뜨금 없어진 내용도 일부 있겠지만 큰 흐름은 변하지 않았을 것이다. 이 책은 미디어의 지형을 바꾸고 있는 디지털, 모바일의 거센 파도를 타기 위한 지침서로써 의미가 있다. 이 책을 읽는다고 미디어 시장 변화의 본질이 뭐고, 어떻게 맞서야 할지 정답을 찾을 수는 없을 것이다. 하지만 직접 변화의 파도를 타보려 시도하는 사람에게는 가볍게 읽어보기를 추천하고 싶다.

–SK TechX 임성희 박사

오랫동안 다양한 업계에서 마케터로서 브랜드 컨설턴트로서 생활을 하다가 새롭게 발을 들여놓게 된 콘텐츠 미디어 업계! 그 동안 현장을 뛰며 변화하는 세상에 나름 기민하게 배우고 익히며 적응해왔다고 생각했는데, MCN, 크리에이터, 인플루언서 등 낯선 용어로 가득한 생태계에 적응하기가 만만치 않았다. 그 과정에서 이은영 부사장을 알게 되었다. 업계 후배로, 팬으로 그녀가 만들어내는 생생한 콘텐츠를 통해서 업계에 대한 이해의 폭을 넓혀가고 있었는데, 그것들의 핵심만을 추려 놓은 책이 발간 되었다. 이 책은 하루가 멀다 하고 새로운 것이 쏟아지는 현장에서 직접 경험한 풍부한 사례들과 깊이 있는 인사이트를 그녀만의 유쾌한 감성으로 풀어내고 있다. 업계를 처음 경험하는 나 같은 초보자뿐만 아니라 변화하는 디지털 세상에서 마케팅과 광고, 브랜딩과 비즈니스를 고민하는 모든 분들께 의미 있는 개론서이자 가이드가 될 것이다.

–칠십이초 우승우 부사장 (前 KFC Korea 마케팅 이사)

이은영 부사장을 처음 만났을 때, 그녀가 나에게 던진 말은 전통 미디어에서 MCN은 어떤 역할을 할 것인가였다. 화두 자체도 신선했고, 한 시간가량 대화를 하면서 그녀는 내가 만난 사람들 중에서도 미디어에 대한 이해도가 상당히 높은 사람이었다. 주변에 미디어 가이라고 불리는 사람들과 만나보면 자신의 경험에 강하게 의존해 공부를 등한시하는 경우가 종종 있다. 자기만의 세계에 확신이 지나쳐서 새로운 정보를 익혀 지식을 확장하지 않고, 했던 이야기를 되풀이하는 경우도 많다. 이은영 부사장은 뉴미디어를 레거시미디어 입장에서 보려고 노력할 뿐만 아니라, 늘 새로운 정보를 흡수하여 생각의 방향성을 수정하는데 거리낌이 없다. 그런 그녀가 MCN에 관한 책을 쓴다고 했을 때 궁금하지 않을 수 없었다. 미디어에 대한 쉬운 해설을 해주는 페이스북의 '뉴스읽어주는여자'의 구독자라면 더욱 그럴 것이다. 그녀는 소위 이 바닥에 전문가라고 불리는 사람들조차도 이야기하기 어려운 부분들을 쉽게 설명한다. 책을 쓰는 저자로서의 출발을 축하하며, 개인적으로도 이 책을 많은 사람들에게 알리고 싶다. 내년쯤 여러 대학이나 기업에서 이 책을 교재로, 비즈니스 필독서로 채택한다 해도 전혀 놀랄 일은 아닐 듯싶다.

–SK브로드밴드 김조한 매니저

저자는 국내외 미디어 및 플랫폼, MCN 관계자, 크리에이터들의 실증을 거쳐 2016년 한국 MCN 산업의 현재와 미래를 책 한 권에 담아냈다. MCN에 대한 애증의 목소리가 들리는 요즘, 이 책은 출간 시기가 아주 적절하다. 일반인도 글, 사진, 동영상 콘텐츠를 손쉽게 오픈 플랫폼에 업로드하는 시대다. 그리고 좋아요, 댓글, 공유 등의 형태로 간접 참여하기도 한다. 네트워크와 콘텐츠 접근성에 기반을 둔 새 비즈니스 모델들이 국내외적으로 경쟁력과 가치를 인정받고 있다. 온라인이든 오프라인이든 콘텐츠가 모든 산업의 핵심적인 성공요소로 대우 받는 것은 세계적인 현상이다. 동영상 콘텐츠는 유튜브를 기반으로 하여 구글 애드센스를 통한 광고수익이 발생하면서, 크리에이터와 이를 관리하는 MCN 산업이 급성장하였다. 한국의 MCN 사업자들은 기존 수익 모델에서 벗어나 TV, OTT 등 다양한 플랫폼에서 소비자들을 만나기 위해 COPE(Create Once, Publish Everywhere)하고 있다. 이를 위해 BAT(바이두, 알리바바, 텐센트)를 비롯하여 중화권의 동영상 플랫폼으로, 동남아로 진출하고 있다. 전통 플랫폼과의 제휴를 추진하고, 비디오 커머스, PPL, 브랜디드 콘텐츠 등 새로운 수익 모델에 대하여 고민하고 있다.

이러한 시기에 이 책은 MCN 산업에 대하여 저자의 오랜 궁리를 담아냈다. 저자는 콘텐츠 산업의 새로운 비즈니스 모델인 MCN의 탄생 및 성장 배경과 함께 국내외 주요 사례를 정리하고, 또 전통적인 미디어와 견주어 새로운 뉴미디어로서의 성장 가능성을 짚어준다. 아울러 MCN의 존재 의미와 주요 수익 모델을 소비자, 크리에이터, 플랫폼 사이에서 균형 잡힌 시각으로 깊이 고찰하였으며 플랫폼의 진화에 대해서도 잘 담아냈다. 크리에이터 중심의 MCN에 관한 시각을 MCN 2.0이라는 키워드로 보다 입체적이고 현실적으로 설명하고 있다.

저자는 또한 MCN 사업 모델에 대하여 UGC, BJ 등 1인 미디어의 연장선으로 성급하게 일반화하지 않도록 짚어주고 있으며, 뉴스 및 브랜드 저널리즘, 넥스트 미디어로의 성장을 논한다. 또 MCN 산업에 종사하는 이들에게 새로운 미디어 모델을 어떻게 키워가야 하는가에 대한 실질적인 제언을 하고 있다. MCN 그리고 뉴미디어를 생각하는 모든 이에게 읽어볼 것을 추천하는 바이다.

–글랜스 TV 박성조 대표

수년 전 설립한 SMC는 몇 년 사이 수백억 원의 매출을 올리며 디지털 마케팅 업계에 뿌리를 굳건히 내리고 있다. SMC가 이렇게 성장할 수 있었던 기반은 소셜미디어의 흥행 덕분이다. 그러나 아직도 이 분야는 엘도라도와 같다. 그 중심에 MCN이 서게 될 것이다. 그런 의미에서 SMC의 자회사인 SMC TV가 만들어갈 MCN 미디어 분야의 도전도 자못 흥분되는 일이다. SMC TV의 주축인 이은영 부사장이 풀어낸 MCN 비즈니스에 관한 이야기는 흥미롭다. 광고, 홍보, 언론 등 콘텐츠 기업에 몸을 담고 있는 분들이라면 이 책을 꼭 읽기를 바란다. MCN은 분명 기회의 땅이 될 것이다.

–SMC 김용태 대표

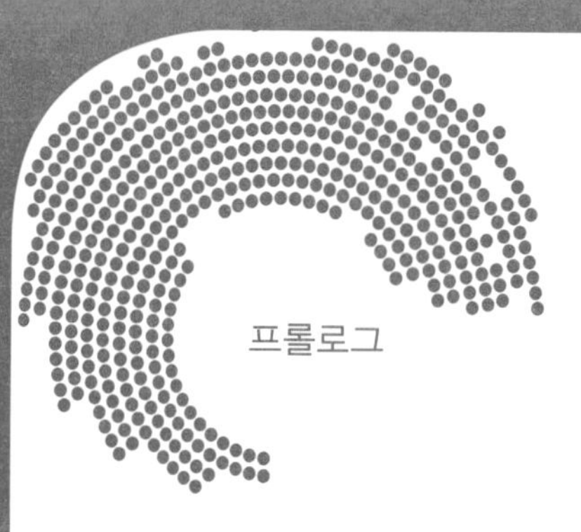

프롤로그

MCN을 모르고 콘텐츠를 논할 수 없는 시대가 온다

MCN에 관련된 책을 쓰고 있다고 하자 주변 지인들은 이런 반응을 보였다. "MCN, 일반인들도 다 아는 거 아니야! 요즘 언론에 MCN에 관한 이슈들이 자주 등장하던데 그걸 책으로 쓴다면 식상하지 않을까?"

과연 그럴까?

얼마 전 모 기업의 부사장인 지인이 내게, 대학 최고경영자 수업에서 있었던 일을 들려준 적이 있다. MCN 비즈니스를 하는 강연자가 네이티브 광고에 대한 강의를 했는데, 지나치게 전문적인 MCN 전략 부분을 이야기하다 보니 강연자도 강연을 듣는 대부분의 사람들도 곤혹스러운 시간이었다고 한다. 수업 참여자들에게 MCN이라는 개념 자체가 생소했기 때문이었을 것이다.

그의 이야기를 듣고 스탠퍼드대학 MBA 칩 히스 교수의 말이 떠올랐다. 사람들은 어떤 하나의 의미를 이해하게 된 이후에는 그것을 몰랐던 상태가 어떠했는지 상상하지 못한다고 한다.

그렇다. 한 업계에 종사하는 사람들은 자기 권역 밖에 있는 사람들도 자기가 몸담고 있는 업계에 대하여 어느 정도는 알고 있다고 판단하는 경우가 많다. 특히 각종 미디어를 통하여 자주 소개되는 분야일 경우는 더욱 그렇다.

2015년을 기점으로 여러 언론매체에서 MCN의 개념, 수익 모델, 투자 등 다양한 이슈성 기사들을 쏟아냈다. 그렇지만 MCN 비즈니스는 아직까지는 MCN에 직접 관련된 사람들의 관심사일 뿐이다. 하물며 유관 사업분야의 종사자들도 MCN에 대해서 정확하게 알지 못할 뿐 아니라, 어떻게 유관한지 인식하지 못하는 경우도 많다. 그러니 사회 구성원 전반이 MCN 비즈니스를 개략적으로 알고 있다고 판단하는 것은 무리가 있다.

필자는 얼마 전 뉴스전문 MCN 기업을 설립했다. MCN 중에서도 생경한 분야다. 이로써 필자는 MCN 비즈니스의 최전선에 뛰어든 셈이다. 그래서 뉴미디어의 한 카테고리로 분류될 수 있는 MCN의 실체가 무엇이며, 현재까지 어떻게 성장해 왔고, 전통 미디어와 함께 어떠한 관계를 구축하고 있는지 스스로 정리할 시간이 필요했다. 페이스북의 개인 계정 '뉴스읽어주는여자(뉴리걸)'을 통하여 여러 분야의 분들과 소통하던 차에 출판사로부터 MCN 비즈니스 트렌드를 소개하는 책의 집필 제의를 받았다. '내가 무슨 책을' 하고 고사했지만 여러 측면에서 의미가 있을 것이라 생각하고 수락했다.

그런데, 책을 쓰는 일이 녹록하지 않았다. 기사들을 클리핑하고 거기에 간단한 나의 의견과 시각을 담아 짧게 정리하여 페이스북에 글을 쓰는 것과는 비교가 되지 않는 작업이었다. 무엇보다도 MCN에 관하여 일목요연하게 정리된 텍스트를 거의 찾아볼 수 없었다. 유튜브의 역사와 궤를 같이 하는 MCN에 관한 내용을 구성하려니, 유튜브가 생겨났던 이래 인터넷 콘텐츠 비즈니스의 히스토리를 검색하고 찾아내서 정리해야 했다.

IT관련 매체의 기자들은 물론 콘텐츠 비즈니스의 현직에 있는 전문가들을 만나 인터뷰를 진행했다. 책을 쓰기 위한 이런 다양한 활동에도 불구하고 필자를 힘들게 했던 것은 하루하루 쏟아져나오는 콘텐츠 비즈니스 관련 이슈들이었다. 실제로 글을 쓰는 두어달 사이에 한 글로벌 MCN 기업에 대한 투자가 최종 확정되는 일도 있었다. 써 놓았던 내용을 수정해야만 했다. 계속 변화하는 비즈니스 트렌드 관련한 책을 쓴다는 것이 어렵구나 생각하니, 기존에 시중에 나와 있는 비즈니스 관련 서적의 집필자들을 다시 생각하는 계기도 되었다.

어쨌든 원고는 나의 손을 떠났다. MCN 비즈니스 현장에는 필자보다 내공이 깊은 분들이 얼마든지 계시다. 그런 분들이 이 책을 본다면? 갑자기 얼굴이 화끈하지 않을 수 없다. 그러나 한편으로 용기를 내어본다. 이 책으로 말미암아 MCN 비즈니스 관련 서적들이 줄

지어 출간되기를 기대한다. 그 시초를 여는 것만으로도 MCN 업계나, 나 개인에게 이 책의 출간은 적잖은 의미가 있다.

더불어 필자가 MCN 비즈니스의 한가운데 있어서 하는 이야기가 아니라, MCN은 분명 조만간 뉴미디어 콘텐츠의 핵심 축을 이룰 것이며, MCN을 모르고서는 디지털 콘텐츠의 미래를 논할 수 없는 시대가 온다고 확신한다.

그러나 아직 많은 콘텐츠 관련 종사자들은 MCN에 대하여 깊은 이해를 하지 못하고 있다. 그런 이들에게 MCN에 대한 이해를 돕는 가이드북이 된다면 나로서는 더할 나위 없이 보람된 일이다. 이 책을 만나는 분들 모두에게 부탁하지만 부족한 부분이 있다면 페이스북이든, 메일이든, 뉴스 MCN 채널이든 다양한 통로로 의견을 개진해 주시길! 그 안에서 또 다시 격론을 벌이고 싶다. 그래야 이 책이 완성된다고 생각한다. 크리에이터와 팔로워 간의 긴밀한 소통, 그것이 바로 MCN의 최대 무기이기 때문이다.

2016년 여름에, 이은영

contents

CHAPTER 01

MCN, 누구냐, 넌?

CHAPTER 02

크리에이터와 그들의 콘텐츠

contents

CHAPTER 03

MCN 콘텐츠, 시장의 경계를 허문다

CHAPTER 04

플랫폼, 콘텐츠! 공룡들의 힘 겨루기

일러두기

이 책의 본문에는 관련 동영상이나 자료로 링크해주는 QR코드가 다수 포함되어 있습니다. 스마트폰에 QR코드 리더 애플리케이션을 설치하시어 QR코드를 스캔하면 해당 동영상, 자료를 볼 수 있습니다. 단, 스마트폰, 애플리케이션의 품질에 따라 또는 해당 동영상이나 자료가 포스팅된 사이트, 저작자의 사정에 따라 링크가 재생이 안 될 수도 있습니다. 또한 QR코드 인쇄된 부분이 손상되어도 QR코드를 읽을 수 없습니다.

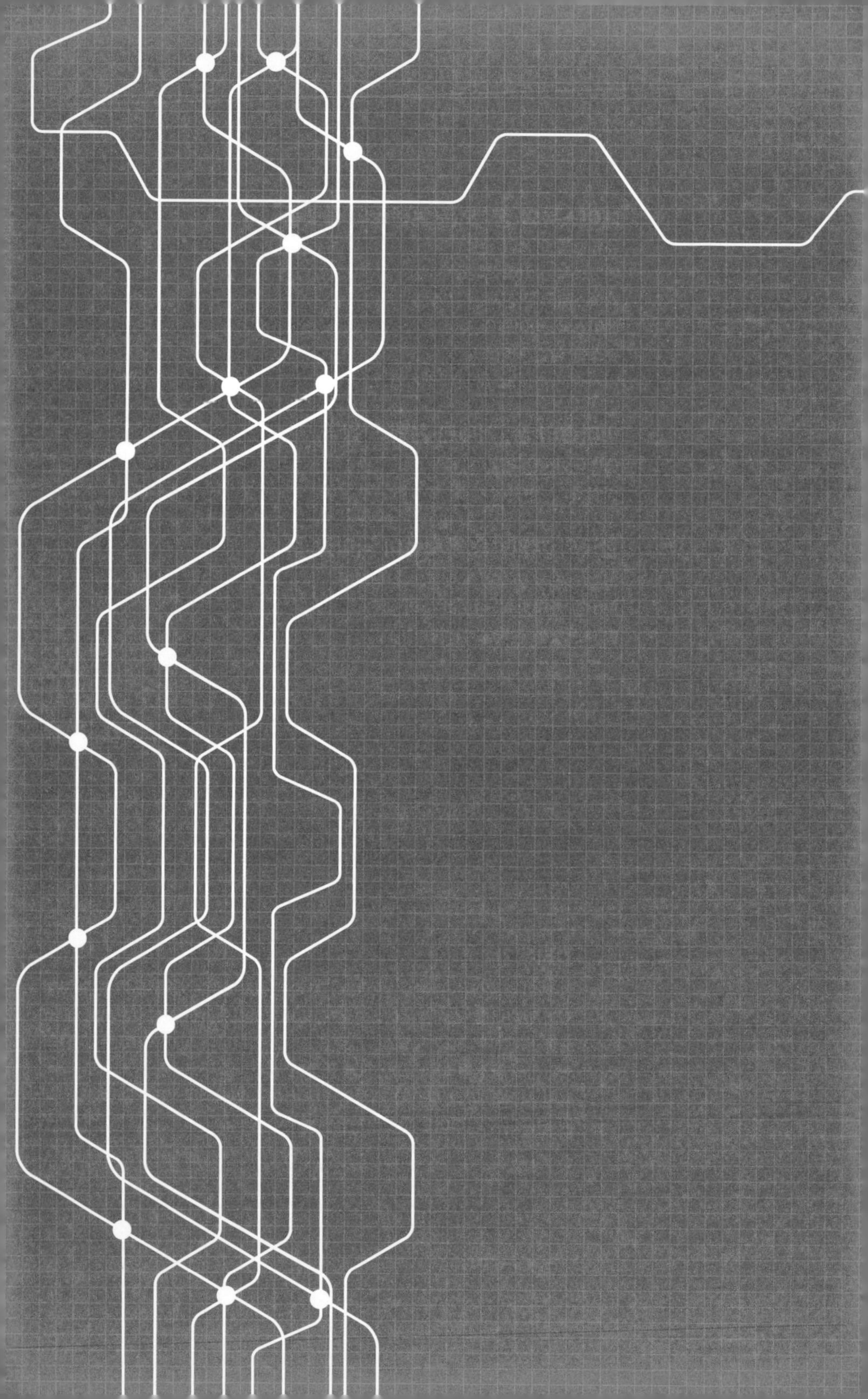

CHAPTER 01

MCN, 누구냐, 넌?

유튜브발 콘텐츠 빅뱅

MCN이 뭐래? MCM 짝퉁 가방인가?

MCN은 다중 채널 네트워크 Multi Channel Network의 줄임말이다. 여러 채널을 묶었다? 처음 듣는 사람에게는 선뜻 와 닿지 않을 것이다. MCN은 세계 최대 동영상 공유 플랫폼인 유튜브 생태계에서 생겨난 말이다. 유튜브가 론칭한 지 이제 10년을 넘겼고, MCN이란 개념은 유튜브 론칭, 한참 후에나 자리를 잡았으니 업계 종사자가 아니라면 MCN이 생소한 건 무리가 아니다. 더군다나 우리나라의 MCN 비즈니스 태동을 2013년으로 본다면 MCN을 MCM 짝퉁 가방으로 여기는 헤프닝은 있을 법한 일이다.

인터넷을 활용하는 사람이라면 유튜브의 동영상 하나쯤 보지 않은 이는 없을 것이다. 따분하고 무료한 오후, 친구가 카카오톡으로 보내준 링크를 클릭하니 동영상이 뜬다. 세간에 엄청난 인기를 누리고 있는 웃긴 동영상이다. 이런 동영상을 보고 한번쯤 피식 웃은 경험,

누구나 있을 것이다. 인터넷이 정보의 바다라면 유튜브는 별의별 온갖 동영상이 넘쳐나는 동영상의 바다라 하겠다.

동영상을 찍는 사람들의 수가 점차 늘어나고, 일삼아 동영상을 찍고 편집하여 포스팅하는 사람들을 크리에이터라고 부르게 되고, 분명한 목적을 가지고 동영상을 올리는 채널들이 늘어나면서 유튜브는 게시물에 광고를 붙이는 수익 모델을 개발했다.

이로써 개인 크리에이터에게는 취미삼아 하던 일을 비즈니스화할 수 있는 길이 열린 것이다. 그러나 개인 크리에이터가 꾸준하면서 체계적으로 이익을 도모하여 사업화하기에는 한계가 있다. 대안은 제휴와 연합체 구성이었다. 인기 채널을 묶어 체계적으로 관리함으로써 수익의 지속성을 담보하고, 이익을 공유하는 MCN 비즈니스는 이런 환경에서 태동했다. 이로써 '채널을 묶었다'의 개념이 설명된다.

한동안 크리에이터 또는 채널을 관리, 지원하는 비즈니스를 OVS Online Video Studio, ITC Internet Television Company, MCN Multi Channel Network, 유튜브 네트워크 Youtube Network 등으로 부르다가 2014년에 들어서면서 MCN으로 통칭하게 되었다.

IT 용어사전에는 MCN에 대하여 이렇게 정의한다.

"유튜브 동영상 채널들과 제휴해 콘텐츠 제작, 프로모션, 크리에이터 관리, 저작권 관리 등을 대신 해주고 유튜브 채널에서 얻는 광고 수익을 공유하는 사업자."

MCN의 조상은 UCC

MCN의 뿌리를 거슬러 올라가면 2000년대 중반, 전 세계적인 열풍을 일으킨 UCC를 만날 수 있다. UCC UCC 또는 UGC : User Created(Generated) Contents라고 하면 MCN보다는 낯이 익다.

그렇다. 전문가가 아닌 일반인들이 제작한 동영상이다. 디지털 카메라와 스마트폰 대중화에 힘입어 누구나 손쉽게 동영상을 만들 수 있게 되었다.

사람들은 일상을 찍는 것은 물론이고, 인기 영화나 TV 드라마, 애니메이션의 재미있는 장면을 패러디하여 동영상을 제작한다. 유튜브에 포스팅한다. 서로 공유한다. 특징 있는 콘텐츠는 무한대로 공유 확장된다. 유튜브발 UCC 콘텐츠 빅뱅이다. UCC에 힘입어 유튜브의 방문자는 사이트 론칭 1년 만에 5억 7천만 명에서 300억 명으로 52배 폭증했다.

2006년 미국 타임지는 올해의 인물에 '당신(YOU)'을 선정했다. 올해의 인물이라면 언제나 그랬듯이 유명인이 차지하는 것이 당연하다. 타임지가 자기 자신을 적극적으로 표현하고 세상에 드러내는 장삼이사를 올해의 인물에 선정한 것은 개인이 스스로 만들어 내는 콘텐츠에 큰 의미를 부여한 것이라고 하겠다.

UCC의 빅뱅이 일어나던 시기에, 동영상을 누가 만들었느냐에 따라 부르는 말이 조금씩 달랐다. 개인 전문가가 만든 동영상을 일컫는 PCC Proteur(Professional + Amateur) Created Contents, 방송사나 전문 제작사가 만든 RMC Ready Made Contents 등이 있다. 요즘은 이러한 다양한 개념들이 MCN 콘텐츠로 통일되는 추세다.

개념이야 어찌되었든 UCC 기반의 콘텐츠 열풍은 빠르게 식어갔다. 왜일까? 답은 간단하다. 재미는 있는데 돈이 안 됐기 때문이다. 유튜브에는 동영상을 즐기는 사람들로 북적였지만 UCC가 수익으로 연결되는 사례는 찾아보기 어려웠다.

반전은 2007년, 유튜브가 동영상에 광고를 붙이는 '파트너 프로그램'을 도입하면서 일어났다. 광고 수익이 발생하면 유튜브와 크리에이터가 수익을 나눠 갖게 된다. 프로그램 초기에는 소니, ABC, CBS, 워너브라더스 같은 초대형 콘텐츠 제작자 중심으로 운영됐지만 점차 중소 콘텐츠 제작자, 아마추어 제작자들도 유튜브의 수익 공유 프로그램에 포함됐다. 이로써 개인 크리에이터들에게도 수익화의 길이 열렸다.

"유튜브에 영상을 올려서 인기를 얻으면 돈을 벌 수 있다."

이것만으로도 동기 부여는 충분했다. 처음부터 돈을 벌 생각으로 동영상을 만든 것이 아니었는데, 어느 날 사람들이 내가 만든 동영상을 보고, 공유한다! 그런데 돈도 벌 수 있지 않은가!

그러나 아마추어가 동영상을 찍고, 편집하여 고품질의 콘텐츠를 만드는 것은 쉬운 일은 아니다. 유튜브로서는 수준 높은 콘텐츠 확층에 대한 고민이 생겼다.

그래서 차별화하고 수준 높은 콘텐츠 확충을 위한 전략적 한 수를 둔다. '오리지널 프리미엄 콘텐츠 확충 전략'이 그것이다. 유튜브의 전략에 화답하며 양질의 콘텐츠를 발굴하고 만드는 MCN 비즈니스 시대가 도래한 것이다.

스낵컬쳐, 콘텐츠 소비의 변화

가볍게 먹는 스낵에 빗대어 즉흥적이고 간단한 콘텐츠 소비 문화를 스낵컬쳐라고 한다. 스낵컬쳐의 확산은 스마트 기기에 익숙한 10~20대를 중심으로 이뤄지고 있고, 소비층은 점점 전 연령대로 확산되고 있다. 스낵컬쳐의 대표주자는 웹툰, 웹소설, 짧은 동영상이다. 사람들은 새로운 형식의 콘텐츠에 환호를 보내기 시작한다. 웰메이드가 아니라 친근하고 나와 가까운, 전문가가 아니라 일반인이 만들어 올린 동영상이 그것이다.

초창기 유튜브에 올라온 UCC는 대부분 개인들이 재미삼아 올린 콘텐츠들로, 본격적인 1인 동영상 미디어 시대를 연 주역이다. 여기에 기름을 부은 것은 스마트폰의 보급, 데이터 전송 속도의 획기적인 고속화, 통신 소비의 대중화다. 통계에 따르면 우리나라는 2013

년 가을, 미국은 2014년 3월을 기점으로 사람들의 스마트폰 이용시간이 TV 시청 시간을 앞지르기 시작했다고 한다. 스마트폰을 손에 쥔 사람들은 전화 걸고 받는 행위 외에 시간과 장소의 구애 없이 스마트폰을 이용하여 문자를 보내고, 채팅을 하고, 이메일을 보내고, 정보 검색을 하고, 다양한 콘텐츠를 소비하기 시작했다.

요즘은 누구나 때와 장소를 가리지 않고 스마트폰으로 동영상을 찍어 올리면 곧바로 콘텐츠가 된다. 내가 좋아하는 취미를 소재로 동영상으로 만들어 단시간에 불특정 다수와 소통하고 공유할 수 있게 된 것이다. 퀄리티가 높거나 혹은 퀄리티가 높지 않아도 공감성이 강하다면 반응은 즉각적이다. 때론 열광과 환호를 받을 수 있다. 스타급 크리에이터들은 이런 과정에서 탄생했다고 해도 과언이 아니다. 그리고 MCN 사업자들은 크리에이터들의 울타리가 되어준다. 크리에이터들이 콘텐츠 생산에만 전념할 수 있도록 돕는 것이다.

유튜브에는 게임, 뷰티, 패션, 먹방, 키즈 등 다양한 분야에서 크리에이터들이 활동하고 있다. 이들이 만들어낸 콘텐츠는 콘텐츠 소비의 패턴을 변화시키고 있고, 그 징후는 다양한 모습으로 시장에 나타난다.

우리나라의 경우, MCN 생태계에서 반드시 거론해야 하는 토종 플랫폼이 아프리카TV다. 아프리카TV를 통해 본 MCN 수익 모델에서 가장 중요한 요소는 공감대 형성이다. 개인방송으로 시작한 아프리카TV가 무럭무럭 성장하던 시기가 2006년쯤 된다. 당시 인터넷 방송은 그저 개인들의 취미일 뿐이었다. 인터넷 방송 진행자들을 지금은 BJ라는 이름으로 부르지만 당시에는 할 일 없는 백수로 치부되곤 했다.

TV 방송에서는 일반인이 유명해지려면 오디션을 통해 톱이 되어야 한다. 그러나 MCN 시장은 다르다. 프로페셔널한 콘텐츠가 아니어도 자기 표현이 확실하면 좋아해주는 사람, 즉 팔로워가 생긴다. 자동차 꾸미기 덕후인 BJ가 있다. 그는 카 인테리어 제품을 사기 위해 전국을 누빈다. 밤을 새가며 직접 부품을 제작하기도 한다. 이런 장면을 영상 콘텐츠로 만들어 채널에 올린다. 비슷한 취미자들 사이에 어느새 이 BJ는 신적인 존재가 된다. 같은 관심사는 공감대 형성에 최고 무기다. 공감하는 사람들은 팔로워가 되고, 그 수가 많아지면 팬덤으로 발전한다.

유형으로 본 MCN의 사업모델

공감대의 확산을 통해 사람을 모으는 것만으로는 비즈니스가 되지 않는다. 이 책의 독자뿐 아니라 많은 이들이 이 부분에 대한 의구심을 갖는다. MCN이 돈이 될까? 광고 수익만으로 회사가 유지가 될까? MCN에 대해 단편적인 지식을 갖고 있는 사람들의 경우 MCN=광고 수익이라는 등호로 단정 짓곤 한다. 그러나 MCN의 비즈니스 구조는 생각보다 짜임새 있게 구분돼 있다.

RAPA Korea Radio Promotion Association 한국전파진흥협회에서 '2015 웹 모바일 글로벌 유통 프런티어 보고서'를 낸 바 있는데, 그 내용을 살펴 보면 이렇다.

수익과 보상이라는 측면으로 볼 때 MCN 사업모델은 크게 운영, 보상, 유통으로 구분지을 수 있다.

*운영모델*은 매니지먼트 형태의 계약을 통해 MCN 사업자와 크리에이터가 전속, 프리랜서 등의 형태로 엮여 기본적인 대행수수료, 유튜브 광고 수익 배분 등을 통해 운영되는 사업 구조다.

*보상모델*은 소속된 크리에이터, 인플루언서들을 활용해 다양한 마케팅 프로모션을 진행한 후에 수익을 배분하거나, 인센티브 혹은 정액제 방식으로 보상을 하는 형태다. 대표적으로 수익 배분, 월급, 보너스, 정액 보상 등의 형태로 사업자와 크리에이터의 관계가 이뤄진다.

*유통모델*은 유튜브와 기타 채널에 콘텐츠 신디케이션 기능을 제공하고 수익을 배분하는 모델을 의미한다. 콘텐츠 신디케이션은 콘텐츠를 직접 생산하지 않지만, 양질의 콘텐츠를 수집, 가공해 다양한 동영상 플랫폼에 유통하는 것을 의미한다. 이를테면 영화 제작업체에서 영화 판권을 사들여 영화 사이트 운영업체에 판매하는 방식으로 생각하면 되겠다.

대부분의 MCN 사업자들은 위에서 언급한 운영, 보상, 유통 모델을 통합적으로 활용하여 비즈니스를 영위하고 있다.

한편, MCN 비즈니스를 일반적인 연예인 소속사, 방송 프로덕션에 빗대어 사업 구조를 설명할 수도 있다. 이때의 일반적인 MCN 사업모델은 크게 매니지먼트, 광고 에이전시, 방송국, 프로덕션 형태로 나뉜다.

*매니지먼트 모델*은 대표적으로 CJ E&M의 다이아TV, 트레져헌터, 아프리카TV 등이 해당된다. 해외의 경우 스타일하울이 대표적이다. 이 모델의 경우 소속된 크리에이터들의 영향력, 인플루언서의 매체력이 중요한 성과 지표가 된다. 글로벌 MCN 사업자들의 경우 기본적으로 매니지먼트 모델에서 시작해 브랜디드 콘텐츠 제작, PPL 등을 진행하면서 광고 에이전시 모델을 거쳐 콘텐츠 제작 능력을 강화, 스튜디오 설립을 통해 방송국, 프로덕션 모델로 진화하고 있다.

*광고 에이전시 모델*에 속하는 기업들로는 디파이미디어, 풀스크린, 어섬니스TV와 같은 글로벌 MCN 사업자가 있다. 프로덕션 모델로는 디파이미디어가 대표적인데 콘텐츠의 제작 능력이 중요시된다.

마지막으로 *방송국 모델*로는 국내의 아프리카TV, 글로벌 MCN 업체로는 메이커스튜디오, 머시니마가 대표적이다. 이 경우 콘텐츠 제작 경쟁력뿐 아니라 인플루언서의 매체력이 함께 있어야 성공 가능성이 높다.

2016년 현재 시점에서 보면, 국내에서는 유튜브 광고 수익을 배분하는 구조로 MCN 사업자와 크리에이터의 비즈니스 관계가 짜여졌다. 유튜브는 광고 수익이 발생할 경우 크리에이터와 45:55로 배분하고, 크리에이터와 MCN 사업자는 그 55에서 다시 3:7~1:9 비율로 재배분하기 때문에, MCN 사업자가 1인 크리에이터에게 기대할 수 있는 수익은 광고 매출의 5~16% 정도에 불과하다. 따라서 유튜브 광고수익에 기반한 사업모델로는 규모의 경제가 중요하다. 다이아TV와 트레져헌터가 사업 초기에 크리에이터를 최대한 많이 확보하려는 시도를 했던 것은 이와 무관하지 않다.

국내에서는 라이브 동영상 플랫폼인 아프리카TV를 시작으로 본격적인 MCN 비즈니스가 시작되었다. 강력한 팬덤 문화에 기반한 별풍선이라는 안정적인 수익 모델을 개발한 덕분에, 아프리카TV에는 2016년 6월 현재, 하루 8천 개에서 1만여 개의 라이브 방송 채널이 열리고 있다.

다이아TV는 아프리카TV에서 인기가 높은 크리에이터들을 영입하면서 한국 MCN 사업을 열었고, CJ E&M 출신이 설립한 MCN 기업인 트레져헌터가 이어 등장했다.

2015년부터 트레져헌터를 비롯해 게임전문 MCN인 콩두컴퍼니, 패션뷰티전문 MCN인 레페리, 비디오빌리지 등 여러 MCN 사업자들이 본격적으로 주목 받기 시작했다.

낯선 MCN에서 돈 냄새를 맡다

밀레니얼세대가 스타를 만든다

2015년, 미국의 유명 잡지 버라이어티는 10대를 대상으로 인기 연예인 설문 조사를 진행했다. 1위부터 7위까지 유튜브에서 활동하는 크리에이터들이 차지했다. 8위에 비로소 연예인이 이름을 올렸는데 'Just the way you are', 'Marry you'라는 노래로 알려진 가수 브루노 마스다. 그런데 그 마저도 'Marry you'를 패러디한 각종 동영상 콘텐츠가 유튜브를 통해 인기를 얻어 공유되면서 세계적인 스타 반열에 오른 셀럽이다.

조사의 순위를 보거나, 한 가수의 노래가 관련 동영상으로 세계적인 인기를 얻었다는 것으로 볼 때 10대의 막강한 영향력을 가늠할 수 있다. 10대에게 사랑받는 크리에이터들은 할리우드 스타에 버금가는 인기를 누리고 있는데, 이들을 가리켜 할리튜브라고 부른다. 할리우드와 유튜브를 합친 신조어다.

10~20대를 주요 소비층으로 보는 동영상 콘텐츠 시장은 미디어 시장 전체의 판도를 바꿔놓기 시작했다. 밀레니얼세대라 불리는 이들은 데스크톱보다 스마트폰, 태블릿 같은 모바일 기기에 익숙한 세대다. 이들의 소통 중심에는 모바일 기기가 있다. 모바일을 통하여 대화하고, 일상을 포스팅하고, 검색하고, 다양한 콘텐츠를 소비한다. 그리고 소비하는 콘텐츠 중에서 동영상은 압도적이다. 이들은 한때 이미지 콘텐츠를 많이 소비했지만, 동영상 콘텐츠로의 소비 전환은 하루가 멀다 하고 빨라지고 있다.

MCN 사업자들은 10~20대의 콘텐츠 소비 트렌드를 그냥 지나치지 않는다. 그들의 눈을 사로잡는 동영상 콘텐츠를 만드는 크리에이터들을 본격적으로 관리하고 키우기 시작했다. 크리에이터가 곧 돈임을 진즉에 눈치챘기 때문이다.

글로벌 MCN의 대표주자들

필자가 이 책을 집필하면서 글로벌 MCN 사업자들의 발전상을 조사하는 사이에도 시장은 쉴새없이 변화하고 있음을 인지했다. 초기 MCN의 모습은 상당한 변화를 겪어 오늘에 이르고 있지만 앞으로는 어떤 변화가 올지 향배를 예상하기 어렵다. 근래에 MCN 기업들은 전통 미디어 기업이나 대형 통신사에 인수되거나, 콘텐츠 공급 계약을 하는 등 다양한 방식으로 결합해 새로운 비즈니스 발굴을 시도하고 있다. 우리나라의 MCN 현주소를 아는 것이 발등에 떨어진 불이겠으나, 아무래도 선험자들을 살펴보는 것이 순서일 듯하여 해외 MCN의 대표주자들의 현주소를 살펴보고자 한다.

메이커스튜디오

2006년 리사 도노반, 벤 도노반 남매가 설립한 회사다. 당시 남매는 직접 제작한 콘텐츠를 유튜브에 포스팅하였는데, 구글의 '오리지널 프리미엄 콘텐츠 확충 전략'에 따른 광고 수익 공유 프로그램의 수혜자가 됐다.

2009년 본격적인 사업화에 나서 MCN 대표기업으로 일궈냈다. 그러나 이들의 시장 영향력은 절대적이진 않다. 베보, 머시니마를 비롯해 풀스크린, 어섬니스TV 등의 후발주자들로부터 맹추격을 받고 있는 처지다.

메이커 뮤직을 비롯한 3개 채널로 시작해, 게임, 스포츠, 패션, 음악, 만화, 뷰티 등의 다양한 장르를 선보이며 폭넓은 연령대의 구독자를 확보했다. 2012년에 운영 채널 1천 개를 돌파하여 2016년 5월 현재 5만 5천 개가 넘는 유튜브 채널과 100여 개 국가에서 활동하는 독립 크리에이터 6만여 명을 보유하고 있다. 채널 구독자수는 6억 5천만 명에 이르며, 구독자의 80%는 13~34세의 밀레니얼세대다. 월 평균 유튜브 동영상 재생수는 100억 회 이상으로 유튜브 전체 동영상 재생 트래픽의 5%를 차지할 정도로 막강한 파워를 자랑한다.

메이커스튜디오는 전 세계에서 활동하는 소속 크리에이터를 지원하기 위해 채널에 대한 관리 및 교육, 데이터 분석 서비스를 제공하고 있다. 크리에이터를 3개 그룹으로 분류해 관리하고 있는데, 상위 그룹의 경우 크리에이터 1명당 5명의 매니저가 붙는다. 또한 75명으로 구성된 엔지니어링팀은 크리에이터가 제작하는 콘텐츠를 디자인하고 편집하는 등의 지원을 한다.

월트디즈니가 돈 냄새를 맡고 이 분야에 관심을 갖기 시작한 것은 2014년이다. 메이커스튜디오 설립 5년 만의 일이다. 디즈니는 애니메이션을 비롯해 ABC의 드라마, ESPN의 스포츠 채널 등 전 연령대별 시청자들에게 골고루 어필할 수 있는 콘텐츠 사업 포트폴리오를 갖고 있다.

몇 년 전 개봉한 애니메이션 '겨울왕국'만 해도 어린아이뿐만 아니라 어른들에게도 상당한 인기를 얻었다. 영화 주제가인 '렛 잇 고'는 국내외 유명 뮤지션들이 자국어로 부르는 동영상을 유튜브에 올리고, 전 세계에서 활동하는 크리에이터들에 의해 여러 버전의 '렛 잇 고'가 바이럴 됐다.

이러한 월트디즈니가 메이커스튜디오를 탐낸 것은 짧은 동영상 콘텐츠의 미래를 예견했기 때문이다. 디즈니는 양질의 콘텐츠를 만들 수 있으면서 셀럽에 버금가는 인기를 가진 유튜브 스타들이 필요했다. 이들을 영화, 테마파크, TV애니메이션 시리즈 프로모션에 적극 활용하겠다는 생각이다. 크리에이터들은 자신의 색깔과 개성을 넣은 콘텐츠를 만들고, 자신의 채널에 그 콘텐츠를 올린다. 디즈니는 수십억 명의 유튜브 구독자들에게 디즈니를 브랜딩할 수 있는 강력한 채널을 확보하게 되는 것이다.

2014년 3월, 디즈니는 메이커스튜디오를 5억 달러에 인수한다. 매출이 목표액을 상회할 경우 4억 5천만 달러를 지급하겠다는 추가 옵션까지 포함하면 인수 금액은 무려 10억 달러에 달한다.

풀스크린

2011년 설립되어 10~20대를 주 타깃으로 코미디, 게임, 음악 분야의 동영상 콘텐츠를 제작해왔다. 이들의 행보는 과감하고 적극적이다. 2016년 4월 26일, 전 세계에 오리지널 콘텐츠를 공급하기 시작했는데, 넷플릭스나 케이블 방송사에도 공급할 수 있는 고품질의 영상 콘텐츠이다. 월 800시간 분량의 콘텐츠를 즐길 수 있는 정액제 유료 서비스 론칭도 유튜브 수익에만 의존하는 구조를 탈피하겠다는 전략이다.

풀스크린에 소속된 크리에이터 중 그레이스 헬비히, 파인 브라더스, 잭앤잭 등은 전 세계에 팬층이 두텁다. 짧은 코미디 영상, 광고 패러디를 제작하는 형제 크리에이터 파인 브라더스는 수입이 높은 크리에이터 중 하나다.

풀스크린은 전 세계적으로 7만여 명의 크리에이터들을 보유하고 있으며, 4만 5천 개의 운영 채널 내 구독자는 6억 명, 월간 동영상 재생수는 50억 회에 이른다.

풀스크린은 크리에이터를 확보하고 성장시키기 위해 2013년부터 크리에이터 플랫폼을 운영 중이다. 이 지원 프로그램은 유튜브 동영상 재생수에 따라 크리에이터를 세 그룹으로 나눠 관리하는 프로그

램인데, 예를 들어 톱 크리에이터로 분류될 경우 10명의 전문적인 매니저가 업무를 도와주는 식이다.

RAPA Korea Radio Promotion Association 한국전파진흥협회에서 분석한 자료에 따르면, 크리에이터들을 지원하는 매니저들은 그들 자신들이 과거에 크리에이터로 활동했다던지, 데이터 분석에 뛰어난 사람들이라고 한다. 톱 크리에이터에 선정되기 위해서는 기본적으로는 동영상 콘텐츠당 6백만 회 이상의 재생수, 분당 약 30만 회의 재생수를 기록해야 한다.

또한 톱 크리에이터 바로 아래 단계의 그룹은 1명의 매니저가 50명 내외의 크리에이터를 관리하면서 그들의 브랜드를 전략적으로 구축, 성장시키는 역할을 담당한다.

어섬니스TV

10~20대를 겨냥한 드라마, 코미디, 음악, 리얼리티 동영상 콘텐츠를 제공하는 MCN으로 미국의 유명 프로듀서인 브라이언 로빈스가 2008년도에 설립했다.

어섬니스TV의 투자 유치 현황은 복잡한 양상이다. 여러 기업들이 지분을 나눠 보유하고 있고, 먹이사슬 최상위 포식자라 할 수 있는 미국 케이블 방송사 컴캐스트까지 뛰어들었다.

어섬니스TV는 유튜브에 현재 8만여 개의 채널과 1억 6천만 명을 상회하는 구독자를 보유하고 있으며, 요일별로 편성 프로그램을 달리하여 서비스한다. 이를테면 월요일에는 뷰티 스페셜, 룸메이트 워, 화요일에는 코미디 스페셜, 수요일에는 팝 컬쳐 스페셜, 이런 식으로 카테고리별 동영상 콘텐츠가 서비스된다.

구독자들은 크리에이터, 프로그램을 골라 입맛대로 즐기면 된다. 최근 시스터-존이나 베익트와 같은 오리지널 시리즈를 '유튜브 레드 채널'에서 선보이며 수익화를 꾀하고 있다.

어섬니스TV에 대한 업계의 관심은 곧 투자로 이어졌다. 2013년 5월, 드림웍스 애니메이션은 3300만 달러에 어섬니스TV를 인수한다. 그리고 1년 후 드림웍스는 100%의 보유 지분 중 24.5%를 허스트에 매각했다. 금액으로는 8125만 달러에 달한다. 매각 당시 어섬니스TV의 가치가 3억 2500만 달러로 산정되었으니 최초 투자 가치에서 1년만에 10배가 뛴 것이다.

드림웍스는 2년 후에도 홈런을 친다. 2016년 4월, 보유한 지분 중

24.5%를 미국 통신사 버라이즌에 매각한다. 이때 회사 가치는 6억 5천만 달러였다. 결과적으로 3년 만에 20배나 기업 가치가 상승한 것인데 그야말로 잭팟이 아닐 수 없다.

그리고 2016년 4월, 미국 케이블 방송사 컴캐스트가 드림웍스 애니메이션을 주당 41달러, 총 38억 달러에 인수했다. 향후 업계에 상당한 지각 변동이 예상된다.

베보

베보는 음악 전문 MCN이다. 2009년 12월부터 서비스를 시작해, 2016년 6월 현재 5만여 개의 글로벌 채널과 전 세계 9억 명 이상의 구독자를 확보하고 있다.

베보 영국, 베보 이탈리아 등 국가별 채널뿐만 아니라, 리한나, 저스틴 비버, 아델 채널 등 가수별 채널을 운영하고 있어 원하는 가수별로 검색해 뮤직비디오를 감상할 수 있

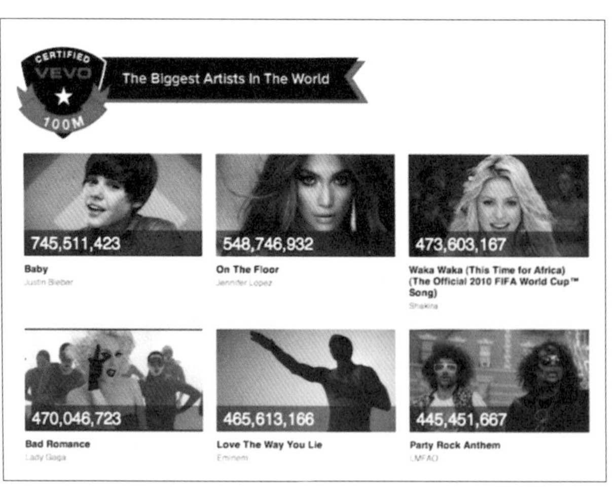

다. 24시간 뮤직 비디오 스트리밍 서비스인 베보TV도 운영 중이다. MTV의 온라인 판으로 보면 된다.

해외 유명 팝스타들의 콘텐츠를 한데 모아 서비스를 할 수 있는 것은 베보의 태생이 미국의 소니엔터테인먼트, 유니버설뮤직그룹, 구글, 아부다비미디어컴퍼니가 합작해 설립한 기업이기 때문이다. 음반산업 분야에서 내로라하는 기업들이 합작해 회사를 설립했기 때문에 전 세계 4대 메이저 레코드 레이블인 소니, EMI, 유니버설뮤직, 워너뮤직의 비디오를 제공할 수 있는 경쟁력을 가지고 있다. 베보의 광고 단가가 비싼 이유이다.

광고가격을 매기는 방법으로 1천 회 노출 또는 재생되었을 때 광고단가를 CPM이라고 한다. 보통 유튜브의 동영상 CPM은 3달러 내외지만 베보의 유명 팝스타 뮤직 비디오에 붙는 광고단가는 25~30달러 정도로 보통 콘텐츠의 CPM보다 10배 비싸다. 그만큼 베보의 콘텐츠는 광고 효과가 높다는 방증이다.

베보 역시 수익 다변화를 위하여 모바일, TV콘솔 등으로 플랫폼 확장을 통해 탈유튜브를 추구하고 있다. 유튜브에만 수익을 의존하는 한계를 벗어나려는 시도이다.

머시니마

사내 아이를 일컫는 우리말 사투리 머스마가 떠오르는 이름인데 우연찮게도 남성을 주 타켓으로 한다.

기계(Machine), 영화(Cinema), 애니메이션(Animation)에서 이름을 따온 것인데 10~30대 남성들이 좋아하는 엔진, 그래픽, 스토리, 소프트웨어에 관한 콘텐츠를 주로 제작하고 있고, 게임 애호가를 위한 콘텐츠에 강점을 가지고 있다.

현재 3만여 개의 유튜브 채널을 운영하며 4억 3천만 명에 이르는 구독자를 확보하고 있다. 타임워너 계열 미디어사, 워너브라더스로부터 2014년, 2015년 두 차례에 걸쳐 총 4200만 달러의 투자를 받았다. 이 펀드에는 구글벤처스, MK캐피털, 레드포인트벤처스가 참여했다.

두 해 연속으로 투자가 이뤄진 것은 빠른 구독자, 월간 재생수의 증가에 힘입어 회사의 성장성에 후한 점수를 얻은 결과로 볼 수 있다. 투자자금을 잠재적 고객 확보, 광고주 및 제작, 유통 서비스의 개선을 위한 기술투자에 사용하겠다고 밝혔다.

트위터, 페이스북과 같은 소셜미디어, 앱, 콘솔 등으로의 플랫폼 다각화를 시도하고 있다. 이는 원 소스 멀티 유즈One Source Multi Use의 개념으로 콘텐츠의 효율성을 높이고 구독자를 더 확실하게 묶어 둘 수 있는 장점이 있다.

스타일하울

2011년 스테파니 호브라체프스키가 설립한 패션, 피트니스, 뷰티, 라이프스타일 분야의 MCN이다. 4900개의 채널에 2억 명에 달하는 구독자를 확보하고 있으며 월 콘텐츠 조회수는 11억 회에 이른다. 2014년, 유럽의 미디어 회사인 RTL이 1억 700만 달러에 스타일하울을 인수했다.

소속된 크리에이터는 5천 명이 넘는다. 할리우드에 본사를 두고 있으며 뉴욕, 시카고, 런던을 비롯해 라틴아메리카, 싱가포르 등지

로 사업을 확장했다.

다른 MCN에 비해 규모는 상대적으로 작은 편이지만 뷰티, 패션 쪽에 특화돼 있어 광고주들이 선호하는 장르다.

화장품, 헤어, 향수, 액세서리, 옷, 신발 등의 뷰티, 패션 상품은 다른 분야에 비해 동영상 콘텐츠 내에 PPL, 네이티브 광고를 효과적으로 구사할 수 있다. 따라서 관련 기업의 광고주들은 MCN 콘텐츠에 큰 관심을 보이고 있다.

스타일하울 역시 콘텐츠를 유튜브뿐만 아니라 다양한 플랫폼을 통하여 유통하는 원소스 멀티 유즈 전략을 실행하고 있다.

더불어, 뷰티 패션 기업들과 콜라보 마케팅 캠페인을 꾸준히 펼치고 있다. 2014년 6월에는 화장품 브랜드 '메이블린'과, 7월에는 의류업체 '팩선'과 공동 마케팅을 진행한 바 있다.

글로벌 MCN 1.0에서 2.0 시대로

MCN 수익 모델에 대한 의문점

글로벌 MCN 기업에 대한 투자러시는 우리나라에도 예외는 아니다. 우리나라의 MCN에 대한 관심도 최근 급물살을 타고 있다. 국내 벤처캐피털사들은 2015년, MCN 기업과 콘텐츠 제작 기업에 대한 러브콜을 본격화했다.

2015년 초 설립된 트레져헌터는 CJ E&M 다이아TV와 더불어 국내 MCN의 양대산맥을 이룬다. 트레져헌터는 창업 1년이 안돼 약 1천억 원의 회사가치를 인정 받으며 157억 원의 투자를 유치했다. 트레져헌터 산하에 뷰티전문 MCN 레페리는 유니온미디어로부터 별도로 10억 원의 투자를 받았다.

게임전문 MCN 콩두컴퍼니 역시 케이큐브벤처스를 통해 56억 원의 투자를 유치했다. 콘텐츠 제작 기업 메이크어스 역시 1천억 원 가까운 회사 가치를 인정 받으며 DSC, KTB네트워크 등의 벤처캐피털로부터 202억 원의 투자를 받았는데 이는 2016년 8월 현재, 국내 MCN 업계 최대 규모의 투자 유치 기록이다.

MCN에 대한 자본가들의 관심이 투자로 이어졌음은 주지의 사실이지만 필연적으로 따라붙은 의구심은 수익 모델이다. 뜨거웠던 관심을 한몸에 받았던 2015년 MCN에 대한 언론의 시선은 이 질문에 다 함축되어 있다. "어떻게 수익을 낼 것인가?"

그렇다. 언론이 지적한 바와 같이 유튜브를 통한 광고수익은 한계가 있으며, 한국의 광고 시장은 사이즈도 작고 레드오션이다. 이는 비단 국내 기업만의 문제는 아니다. 글로벌 기업도 마찬가지다. 글로벌 MCN 기업들이 플랫폼을 유튜브에서 페이스북, 트위터, 콘솔, TV로 다각화하고 있는 이유다.

글로벌 MCN의 MCN 2.0 현주소

필자는, MCN 기업들이 유튜브에 기반하여 크리에이터를 지원하여 광고 수익을 쉐어하는 비즈니스를 영위했던 때를 MCN 1.0 시대라고 한다면, 지금은 MCN 2.0 시대라 칭하고자 한다.

MCN 2.0은 탈유튜브를 꾀하여 다양한 플랫폼에 콘텐츠의 제작, 유통을 모색하고, 기업이나 상품 광고 콘텐츠를 제작하고, 1인 홈쇼핑 방송 등 커머스 영역까지 확장하는 비즈니스를 말한다. 2014년 전후로 대규모 투자를 받은 글로벌 MCN들은 이미 MCN 2.0 시대로 옮겨가고 있다.

전통 미디어의 플랫폼 안에 들어가거나, OTT Over The Top, 인터넷 미디어 콘텐츠 사업자를 통해, 때로는 전통 미디어의 프로그램을 꿰차며 콘텐츠 유통 경로를 다각화하는 것 역시 MCN 2.0의 범주에 들어간다. 기본적인 콘텐츠업뿐 아니라 크리에이터의 잠재성을 활용한 파생 비즈니스로 영역을 넓혀 나가기도 한다. 개그 동영상으로 유명 크리에이터가 SF영화에 주인공을 맡는다든지, 패션뷰티 크리에이터가 자신의 스타일을 살린 의류 브랜드를 론칭하는 식이다.

그러면 글로벌 MCN 2.0 현주소를 간단히 살펴보자.

메이커스튜디오

유튜브의 경쟁자인 비메오에 콘텐츠를 납품함으로써 탈유튜브에 본격 시동을 걸었다. 납품했다는 표현이 공산품을 생산하는 듯한 인상을 주지만, 6만여 명의 소속 크리에이터가 전 세계 100여 개 국가에서 콘텐츠를 찍어대고 있으니 세계 각국에 생산 공장을 가진 글로벌 제조업체와 비슷하지 않은가?

메이커스튜디오는 미국 외에 싱가포르, 독일, 영국, 프랑스 등지에 지사를 설립하여 각국의 크리에이터들의 콘텐츠 생산을 독려하고 지원하고 있다. 이에 크리에이터들은 화답하여 현지에 맞는 콘텐츠의 생산은 물론, 글로벌 서비스에도 대응할 수 있는 콘텐츠도 만들고 있다.

이렇게 콘텐츠 공장에서 생산된 월 수천 개의 짧은 동영상들이 통신사 버라이즌이 운영하는 OTT 플랫폼 Go90에 공급된다. 헐리우드 스타들이 마블코믹스의 세계관을 탐험하는 콘텐츠인 '마블 오프 더랙'은 버라이즌에, '디파이닝 뷰티 시즌2', '판타지 퀘스트' 등의 콘텐츠는 Go90에 유통된다. 이런 콘텐츠를 제작할 수 있는 역량은 뒤에 디즈니가 있기 때문이다.

풀스크린

풀스크린은 2016년 4월 말, 전 세계를 대상으로 OTT 서비스를 선보였다. 웹은 물론 모바일을 통해서도 동영상 콘텐츠를 소비할 수 있도록 플랫폼을 구축함으로써 콘텐츠의 생산과 유통이라는 양동 비즈니스 전략을 구사하고 있다.

이로써 풀스크린은 동영상 플랫폼 사업자가 됐지만, 정확하게는 유튜브나 넷플릭스가 경쟁 상대는 아니라고 강조했다. 다만 Go90에 대해서는 수익 창출 방식에서 다소 다르긴 하지만 경쟁자로 보고 있다.

서비스 방식에 있어서 유튜브, Go90, 풀스크린, 넷플릭스는 비슷한 듯하면서도 차이점이 있다. 유튜브와 Go90가 광고 수익에 기반하는 반면, 넷플릭스와 풀스크린은 정액제에 기반한다.

한편, 풀스크린를 인수한 오타미디어는 체르닉 그룹과 통신사 AT&T의 조인트벤처다. 그런 점에서 보면 풀스크린은 통신사와 MCN의 여러 이해관계 속에 있다. 통신사 버라이즌의 OTT서비스 플랫폼인 Go90과 비슷하다고도 할 수 있다.

풀스크린은 자체 구축한 유료모델 플랫폼을 통해 소속 크리에이터들이 등장하는 TV쇼, 영화 프로그램을 서비스하고 있다. 예를 들어 그레이스 헬비히, 한나 하트가 등장하는 '일렉트라 우먼 앤 다이나 걸'을 비롯해, 샤나 말콤의 '필씨 프레피 틴스' 등 월 800시간 분량의 새로운 콘텐츠들을 매월 서비스한다.

이 플랫폼은 동영상 스트리밍 서비스만 제공하는 데 머물지 않고 소셜 기능을 탑재했다는 점이 흥미롭다. 이를테면 영상을 보다가 흥미있는 장면을 GIF로 캡쳐할 수 있고, 소위 짤방처럼 영상을 클리핑할 수 있다. 풀스크린을 이용하는 다른 시청자들은 서로 올린 짤방 동영상을 보면서 '좋아요'를 표시할 수도 있고 페이스북, 트위터, 텀블러에 공유도 가능하다. 전략적으로 10대들을 타깃으로 공유와 바이럴에 방점을 둔 전략이라 볼 수 있다.

어섬니스TV

이들의 행보는 타 MCN과 비교할 때 회사 이름만큼이나 어섬하다. 번외편이라 할 의류사업, 캐릭터사업까지 확장하며 속도를 내고 있기 때문이다. 2014년 4월, 컨슈머 제품개발사업부를 신설하고, 그 해 9월에 '소라드' s.o.r.a.d라는 의류 브랜드를 론칭했다. 소라드는 어썸니스TV의 인기 크리에이터로 활동 중인 메이크업 바이 맨디24, 리아 마리 존슨이 디자인한 빈티지 스타일의 패션 브랜드다. 이 두 크리에이터는 브랜드 홍보를 위해 '라이프 소라드 에피소드' 라는 동영상 콘텐츠을 만들었고, 유튜브를 통해 브랜드 스토리를 홍보했다. 그리고 유튜브 구독자를 비롯해 팬들의 상품 구매로 이어졌다. 뿐만 아니라, 어섬니스TV는 10대를 타깃으로 한 여성 의류 브랜드 '인 오 오브 유' In awe of you를 론칭하고 미국 메이시스 백화점 등 유명 백화점에 입점한다고 발표했다.

충분히 예상 가능한 행보지만, 어섬니스TV는 의류 사업에 자사의 소스를 십분 활용한다. 패션 크리에이터인 머렐 쌍둥이 자매를 브랜드 모델로 기용하고, 소속 크리에이터에게 의상을 협찬하는 방식으로 미디어 홍보를 진행한다.

어섬니스TV 관계자는 동영상 콘텐츠를 통해 얻는 광고 수익보다 오리지널 프로그램, 스폰서십, 기타 크리에이터의 아이디어가 결합된 비즈니스를 통한 수익이 더 크다고 밝힌 바 있다. 한마디로 어섬니스TV는 수익의 다각화를 꾀하며 성공적으로 안착해가는 과정에 있다.

그렇다고 해서 이들이 본연의 뿌리인 콘텐츠 비즈니스를 소홀히 하는 것은 아니다. 여전히 콘텐츠 제작에 있어서도 다각화 전략을 펼치며 유통의 판로를 넓혀나가고 있다. 2015년 3월에는 필름360과 제휴해 쇼벨버디스 Shovel Buddies라는 영화를 만들어 오리지널 콘텐츠 시장에 뛰어들었다. 유료케이블 채널인 '니켈로디언'에 리얼리티 프로그램인 어섬니스TV를 공급하였고, 넷플릭스에는 오리지널 시리즈인 시트콤 '리치 리치'를 제공하기도 했다.

베보

역시 베보는 베보답다. 기본에 충실한다는 전략이다. 음악 전문 MCN 기업으로서 유튜브 채널을 통한 뮤직 비디오 제공에 머물지 않고 공연 비즈니스로 영역을 확장하고 있다. 아티스트 개발사인 메이드 뮤직을 비롯해 밀크 스튜디오, 렉스 미디어와 제휴를 통해 소속 가수들의 영상을 독점 공급하고 유명 뮤지션의 콘서트를 생중계하는 서비스도 제공한다.

그리고 성공 가능성이 높은 뮤지션과는 직접 스폰서십을 맺고 자체 콘서트도 열고 있다. 한마디로 대행보다는 직접 무언가를 해보겠다는 것이다. 베보는 자신들이 가진 음악 파워를 최대한 활용해 관련 비즈니스로의 안정적인 확장을 도모하고 있다.

머시니마

남성을 주 타켓으로 하는 머시니마는 2016년 3월에 '스트리트 파이터 레저랙션'의 트레일러 영상을 공개했다. 스트리트 파이터 레저

랙션은 캡콤의 대전액션 아케이드 게임 스트리트 파이터를 기반으로 하는 웹드라마로 2014년에 웹드라마와 영화로 제작된 스트리트 파이터 어쌔신 피스트의 후속작이다. 현재 Go90에 서비스하고 있다.

이 트레일러 영상은 유튜브에서도 볼 수 있다. 필자의 감상평은 간단하다. "이건 영화다."

이 웹드라마는 컴퓨터 그래픽이 아닌 실제 배우가 연기하고, 류의 파동권, 가일의 소닉붐 등의 주요 캐릭터 스킬을 컴퓨터 그래픽으로 표현했다. MCN 기업이 제작한 웹드라마 콘텐츠 퀄리티가 방송사나 영화 제작사 수준까지 올라왔음을 실감할 수 있다. 머시니마는 버라이즌 외에도 비메오, 베셀 등의 동영상 플랫폼, OTT업체와도 일부 콘텐츠 독점 계약을 체결하며 유통 채널을 확장 중에 있다.

MCN은 미래를 위한 투자

이상 몇몇 글로벌 MCN 기업들의 새로운 비즈니스 패러다임에 대해서 살펴보았다. MCN 기업들은 초기에는 유튜브 온리 정책으로 비즈니스를 펼쳤다. 글로벌 전통 미디어 기업과 통신사들은 이들의 성장 가능성에 과감히 베팅을 했다. 비록 유튜브 파생 비즈니스였지만 비즈니스 확장성에 무게를 두었을 것이다. MCN 비즈니스가 유튜브 생태계에 한정되었다면 투자는 결코 이루어지지 않았을 것이다. 글로벌 MCN 업체들의 탈유튜브 시도는 하나의 플랫폼에 종속되어서는 비즈니스의 영속성을 담보하기 어렵다는 절체절명의 요구로 받아들여진다.

탈유튜브에서 시작해 다양한 플랫폼에 콘텐츠를 공급하는가 하면, 스스로 플랫폼 사업자가 되기도 하고, 의류 브랜드를 출시하기도 했다. 때로는 영화 제작사가 돼 크리에이터들을 주인공으로 내세운 오리지널 시리즈를 제작했다.

혼다, 도요타와 같은 글로벌 자동차 메이커와 콜라보로 영상을 제작했고, 메이블린과 같은 글로벌 화장품 브랜드와 함께 마케팅 캠페인을 진행하기도 했다. 글로벌 MCN 기업들은 한 단계 더 진화된 비즈니스 모델을 안정시켜 나가며 시장 뜨내기가 아닌 메인 플레이어로 인정받고 있다.

MCN 2.0의 안정화 단계에 접어든 글로벌 MCN은 기존 미디어 기업들이 해왔던 비즈니스 확장을 그대로 재현하고 있다. 이런 관점에서 보면 MCN은 전통 미디어와 비교했을 때 새로운 모델이 아니다. 전통 미디어를 위협한다는 일부 시각이 존재하긴 하지만 MCN은 전통 미디어의 밀레니얼세대 버전이지 전통 미디어를 뒤엎는 대체품은 아니라고 할 수 있다. 그렇기 때문에 전통 미디어 기업들과 MCN 기업들의 행보는 결국 같다. 종점에서 만난다는 뜻이다.

전통 강자들 그리고 MCN

특명, 밀레니얼세대를 잡아라

모바일 콘텐츠 소비를 이끄는 주 세대는 밀레니얼세대다. 이들은 소파에 앉아서 가족들과 TV를 시청하기보다는, 각자의 방에서 모바일로 콘텐츠를 소비하는 세대다. 전통 미디어, 통신사의 입장에서 현재는 밀레니얼세대의 부모들이 자신들의 서비스에 돈을 지불하는 고객이지만 밀레니얼세대를 결코 무시할 수 없다. 곧 마주하게 될 주 고객이 밀레니얼세대이기 때문이다. 한마디로 그들을 먹여살리기 위한 다음 손님이라는 뜻이다.

비드콘 VidCon의 2015년 분석자료에서, 뉴미디어의 주 이용층인 밀레니얼세대 16~34세 인구가 전체 인구의 25%를 차지하고 있고, 2025년에 이르면 그 아래 세대까지 포함하여 전체 인구의 75%에 이를 것이라는 전망을 내놓았다.

결론적으로 기존의 미디어 기업들은 현재의 돈줄인 중장년층을 만

족시키는 동시에 차세대의 돈줄이 될 밀레니얼세대를 미래의 고객으로 유인해야 하는 이중 숙제를 안고 있다.

기존 미디어 기업들은 최근 몇 년 간 MCN에서 그 해법을 찾고 있는 것으로 추측할 수 있다. 이들은 MCN을 미래를 위한 투자처로 보고 있는 것 같다. 다만 직접 MCN 업계에 뛰어들기보다는 기존 MCN의 메인 플레이어들과의 관계짓기에 포석을 두고 있다. 제휴든 거액의 투자와 인수든 다양한 방식으로 러브콜을 보내고 있는 것이 현실이다.

컴캐스트의 출사표, 워처블

컴캐스트는 미국 최대의 인터넷 서비스 공급자 ISP Internet Service Provider이자 케이블 사업자다. 2015년 하반기에 워처블이라는 동영상 플랫폼을 론칭했다. 페이스북, 유튜브의 대항마로서, 밀레니얼세대를 붙잡으려는 시도로 보인다. 컴캐스트는 비즈니스 및 기술 뉴스 웹사이트인 '비즈니스 인사이더'를 통해 밀레니얼세대를 붙잡을 수 있는 콘텐츠를 공급하겠다고 선언하며 워처블을 론칭했다.

버즈피드, 복스, 어섬니스TV, 디 어니언, 리파이너리29 등 MCN

기업으로부터 콘텐츠 공급계약을 맺었고, 대안 미디어 업체인 바이스미디어, 스포츠 미디어인 NBC 스포츠가 참여했다. 워처블의 파워는 케이블 가입자수에 있다. 2016년 현재는 주문형 동영상 서비스 엑스피니티 X1셋톱(2010년 보급) 고객에게만 콘텐츠가 제공되지만, 향후 기존 셋톱에서도 서비스가 가능하게 한다는 계획이다. 수천만 명의 컴캐스트 가입자들이 손쉽게 TV를 통해서 워처블의 콘텐츠를 소비한다는 것은 유튜브, 페이스북에게는 위협이 아닐 수 없다.

컴캐스트의 행보를 보면 상당히 공격적이다. 이들의 목표는 밀레니얼세대를 신규 고객으로 맞을 준비를 하면서, 워처블을 통해 미국 최대 동영상 광고업체가 되는 것이다. 이와 같은 전략은 미국 케이블 방송사업자 간 치열한 경쟁 구도에 기인한다고 할 수 있다. 미국 케이블 방송 4위 업체인 차터커뮤니케이션이 2위인 타임워너케이블을 인수합병함으로써 1위 컴캐스트 목전까지 추격하고 있다. 컴캐스트는 위기감을 느꼈을 것이고 수성을 위해서 시장 지위에 걸맞는 굵직한 행보를 보이는 것으로 판단된다. 2016년 5월, 컴캐스트는 영화제작사 드림웍스 애니메이션을 38억 달러에 인수했다. 케이블 TV기업이 영화, 그것도 애니메이션 기업에 투자를 했다는 점이 의아하다. 그러나 이면을 들여다보면, 컴캐스트의 드림웍스 인수는 이중 삼중 포석을 내다본 전략이다.

워처블을 OTT서비스라는 시각에서 보자. 어섬니스TV 지분의 51%를 보유하고 있는 드림웍스 인수는 어섬니스TV의 콘텐츠 확보를 위한 포석이다.

영화 또는 애니메이션 비즈니스라는 시각에서 보자면 이렇게 해석할 수 있다. 컴캐스트는 애니메이션 '슈퍼배드', '미니언즈'의 흥행을 이끌어낸 유니버설픽처스를 자회사로 보유하고 있다. '쿵푸팬더', '마다가스카르', '슈렉' 등 수많은 히트작을 만든 드림웍스를 한지붕으로 끌어들임으로써 애니메이션 분야에서 디즈니-픽사에 대응할 수 있는 유니버설픽처스-드림웍스라는 강력한 경쟁 구도를 만들었다고 할 수 있다.

요컨대, 컴캐스트는 워처블 론칭과 함께 영화 콘텐츠, MCN 콘텐츠를 직접 공급받을 수 있는 활로를 개척함으로써 뉴미디어 시장에 주목받는 강자로 부상하고 있다.

버라이즌의 출사표, Go90

미국의 통신사들도 미디어 플랫폼 사업자로서 시장 지위를 빼앗기지 않기 위한 여러 시도를 하고 있다. AT&T, 버라이즌, T모바일US는 미국 통신 시장의 3대 플레이어들이다.

방송사만이 동영상 콘텐츠를 공급한다는 상식이 깨지면서 산업 간의 경계가 무너지고 이종산업 간의 협업이 일상화하고 있다. 통신사의 미디어 플랫폼 구축 시도는 이러한 시장의 흐름 속에서 다음 먹거리에 대한 고민으로부터 나온 결과라 할 수 있다.

네트워크 장비업체 시스코는 미국 모바일 동영상 트래픽이 연평균 53%의 증가율을 보이고 있다고 분석했다. 2014년, 월 317.8PB (1PB=1024TB=104만8576GB)에서 2019년에는 월 2.7EB (1EB=1024PB)로 증가한다는 전망이다.

이러한 트래픽량 증가의 주요 요인은 모바일 동영상 콘텐츠 소비의 증가에 있다. 통신사에게는, 필연적으로 트래픽량 증가를 가져오는 동영상 콘텐츠는 차세대 먹거리라는 의미가 된다. 관건은 동영상 콘텐츠 서비스하는 업체들을 바라만 볼 것인지, 이 시장에 플레이어로 뛰어들 것인가이다.

이 답에 대한 인사이트를 버라이즌의 행보에서 구할 수 있을 것이다. 버라이즌은 결국 플레이어로 뛰어들었다. 버라이즌은 Go90 플랫폼을 론칭함으로서 OTT사업자가 됐다. 워처블의 직접 경쟁자가 된 것이다.

버라이즌은 2013년에 디지털 미디어 스트리밍 업체인 '업링크' 인수를 시작으로, 2014년 1월에는 인텔의 미디어 사업 조직인 '인텔 미디어'를 인수했다. 2015년 2월에는 플로리다, 캘리포니아, 텍사스 지역의 유선통신 사업을 지역 통신업체 '프론티어 커뮤니케이션'에 넘겼다. 매각 금액도 150억 달러로 상당했다. 버라이즌은 당시 주파수 구입, 부채 상환 등의 이유로 매각한다고 밝혔지만, 시장에서는 온라인 기반의 산업으로 방향을 전환하고 있다는 분석이 지배적이었다.

버라이즌의 거침없는 인수는 이뿐만이 아니다. 미디어 콘텐츠 및 온라인 광고업체인 '아메리카온라인'과 모바일 광고업체 '밀레니얼미디어'를 차례로 인수했다. 버라이즌의 컨슈머 상품 담당인 브라이언 앤지올레 부사장은 "밀레니얼세대의 41%는 유료 방송을 보지 않는 코드커터다."고 언급한 적이 있다. 코드커터는 유선방송이 아닌 무선 스트리밍 서비스로 영상을 즐기는 유저들을 가르키는 말이다. 더불어 브라이언 부사장은 밀레니얼세대가 좋아하는 콘텐츠를 모아둔 플랫폼에서 새로운 사업 기회가 발생한다고 전망했다.

그가 이야기한 대로 버라이즌은 실천에 옮겼다. 지난 3년 간 온라인 동영상 플랫폼 사업을 위해 인수합병, 매각 등의 과정을 거친 후 2015년에 모바일 OTT서비스이자, 동영상 플랫폼인 Go90을 선보인 것이다.

Go90은 밀레니얼세대들이 좋아할 만한 콘텐츠를 죄다 모아놨다. 게다가 버라이즌 고객 여부를 떠나 누구에게나 무료다. 물론 서비스 운영 비용은 광고와 데이터 사용료에서 충당한다. 시청자(콘텐츠 소비자)들이 플랫폼을 떠나지 않게 함으로써 여러 파생 비즈니스를 펼쳐나갈 수 있는 기반을 마련한 것이다.

버라이즌은 Go90 론칭 7개월 전부터 어섬니스TV로부터 연간 200시간 이상의 콘텐츠를 공급받는 계약을 체결했다. 여기에 더해 2016년 4월, 드림웍스로부터 어섬니스TV의 지분 24.5%를 취득했다. 이로써 어섬니스TV는 2016년 현재, 여러 시장 경쟁자들이 지분을 나눠가지고 있는 복잡한 구조에 놓이게 됐다.

이어 메이커스튜디오와는 오리지널 시리즈 제작 계약을 체결했고, 스타일하울, 디파이미디어, 테이스트메이드, 풀스크린 등 팬층이 두터운 글로벌 MCN 기업들을 파트너로 삼았다. 머시니마로부터는 스트리트파이터 리메이크 시리즈 영상 5편을 독점 공급받아 2016년 3월에 선보였다.

MCN, 유튜브를 넘어 더 큰 생태계로

현재 MCN은 뉴미디어의 이끄는 선두주자가 됐고 그 배경에 유튜브가 있다. 그러나 지금은 탈유튜브의 기치 아래 탈출 러시가 진행되고 있다. 엄밀하게 따지면 유튜브를 벗어난다기보다, 유튜브에만 머물지 않겠다는 의미다. 웰메이드 콘텐츠의 유통을 유튜브에만 의존하지 않고 전통 미디어, 통신사, OTT 플랫폼으로 확장하여 부가 이익을 창출하겠다는 것이다.

이러한 행보는 당연히 유튜브를 긴장시켰다. 인기 크리에이터들의 콘텐츠를 이제 유튜브가 아닌 다른 플랫폼에서도 볼 수 있다는 의미다. 유튜브와 거의 동일한 동영상 플랫폼으로서 경쟁관계에 있는 데일리모션 Dailymotion, 프랑스의 비방디사가 소유한 동영상 공유 사이트, 비메오 동영상 공유 웹사이트. 2004년 11월에 자크 클라인과 제이크 로드윅이 설립. 고화질의 동영상 서비스가 특징는 물론이고 유튜브의 경쟁자는 나날이 늘어나고 있다.

페이스북, 아마존, 방송 통신사들도 MCN 콘텐츠를 적극 확보하려고 노력하고 있다. 설상가상 크리에이터들은 지상파 방송까지 진출하여 영향력을 키워나가고 있는 실정이다.

유튜브도 이탈하는 크리에이터들을 잡기 위해 여러 지원 전략을 펼치고 있다. 2012년부터 오픈한 유튜브 스페이스가 대표적이다. 고가 장비가 갖춰진 촬영실, 녹음실, 편집실, 분장실은 물론 채널 운영을 위한 세미나와 워크숍 등을 운영하고, 업계 종사자들 간의 미팅의 장을 마련하는 등 하드웨어와 소프트웨어 양면의 지원을 하는 크리에이터 종합선물세트와 같은 공간이다. 2015년, 일본에 이어 아시아에서는 두 번째로 인도 뭄바이에 7번째 스튜디오가 문을 열었다.

OTT 비즈니스의 대표기업으로 부상한 넷플릭스는 어떠한가? 넷플릭스는 기존에는 영화나 TV드라마 중심의 콘텐츠 라인업을 갖추고 있었으나, 최근에는 독점적인 MCN 콘텐츠 확보에 열을 올리고 있다. 일례로 2015년 최고의 유튜브 크리에이터인 이안 히콕스, 안토니 파디야가 제작한 코미디 '스모쉬: 더 무비'는 넷플릭스에서만 볼 수 있다.

온라인 서점으로 시작하여 세계 최대의 온라인 쇼핑몰의 지위를 거머쥔 아마존도 MCN 비즈니스에 줄을 대기 위해 고군분투 중이다. 2015년 6월, MCN 앱 개발과 콘텐츠 제작을 지원하는 동영상 기술업체 '비치프론트미디어'와 제휴를 맺고 세계적인 유튜브 크리에이터 미셸 판의 앱 '아이콘'을 론칭했다. 미셸 판은 메이크업 동영상으로 2015년에 300만 달러의 수입을 올렸다.

아마존은 온라인 커머스의 강점을 미디어 콘텐츠와 접목하려는 다양한 시도를 하고 있다. 이른바 미디어 커머스다. 뷰티 토크쇼 방송인 스타일 코드 라이브 Style code live가 그것이다. 홈쇼핑 포맷의 방송인데 세 명의 진행자가 라이브 토크쇼를 진행하면서 제품을 보여주고 시청자는 실시간으로 제품을 구매할 수 있다. 이 외에도 아마존은 넷플릭스 등과 경쟁하기 위해 다양한 콘텐츠를 선보이면서 시장의 흐름을 쫓고 있다.

시장 내에서 독점적 지위를 누려왔던 전통 미디어, 통신, 온라인 상거래, 콘텐츠 기업들은 유튜브를 벗어나 더 큰 생태계로 확장하고 있다. 이는 엄청난 경쟁 체계로 돌입하는 밀림 생태계를 이룬다는 말이다.

이로써 크리에이터와 MCN의 중요성은 점차 커진다고 할 수 있다. 사업자들은 어떤 크리에이터를 확보하느냐, 어떤 MCN과 손을 잡느냐에 따라 성패가 좌우된다고 해도 과언은 아닐 것이다. 그 가운데 MCN은 다양하면서 확장된 수익 모델을 발굴하고 시장에 선보이며 시장성을 타진해 가고 있다.

앞으로도 플랫폼 사업자든, MCN 업체든, 크리에이터든 수많은 부침이 있을 것이다. 어떤 산업이든 처음에 시장에 안착하기 위해서는 다들 나름의 고난의 과정들을 겪어왔다. MCN은 바로 그런 과정에 있으며, MCN이 과연 시장에 어떠한 모습으로 남을 것인가에 대한 의구심이 팽배한 분위기다.

MCN은 카멜레온이다

앞에서 MCN 비즈니스의 태동에서부터 진화하는 과정을 선진시장과 글로벌 MCN 기업 중심으로 살펴봤다. MCN은 당초 멀티 채널 네트워크 Multi Channel Network에서 훨씬 확장되어 있다. 유튜브를 넘어 다양한 플랫폼에 진출함으로써 MCN은 MPN Multi Platform Network이 되어 가고 있다.

MCN 사업자들이 라이선스로 수익을 창출하는 스튜디오, 미디어 기업이 되어가는 경향도 있다. 크리에이터들을 지원하면서 양질의 MCN 콘텐츠를 확보하는 것은 물론 TV, 라디오, 오프라인 매장 등에 콘텐츠가 소비되고 활용될 수 있도록 업스트림화 전략도 편다. 크리에이터의 인기도를 활용한 브랜드 론칭, 앨범 발매, 책 출간 등의 다양한 오프라인 활동을 할 수 있도록 종합적인 매니지먼트 전략을 수행하는 것이다. 연예 엔터테인먼트사처럼 MCN 사업자가 크리에이터를 전방위로 지원함을 의미한다. 크리에이터의 성장이 곧 MCN 기업의 수익으로 이어지기 때문이다. 이러한 점에서 MCN은 멀티 크리에이터 네트워크 Multi Creator Network 또는 멀티 콘텐츠 네트워크 Multi Contents Network로서 기능한다고도 볼 수 있겠다.

커머스는 MCN의 향후 미래에 주목해야 할 분야로 대두될 가능성이 높다. 제품과 직간접적으로 관련이 있는 콘텐츠의 제작, 인기 크리에이터의 영향력 등을 기반으로 상거래에 활용되는 사례가 생길 것이 분명하다. 이런 관점에서 본다면 MCN은 멀티 커머스 네트워크 Multi Commerce Network가 된다.

이렇듯 MCN은 주변 색깔에 맞춰 자신의 색깔을 맞춰가는 카멜레온과 같다. 어떠한 하나의 정의된 말로 표현하기 어렵단 얘기다. 이는 산업적 정의를 내리기 어려워 모호할 수 있다는 의미도 되지만 급변하는 콘텐츠 소비 트렌드에 맞춰 적응하여 수시로 최적화한 모습으로 진화한다고도 볼 수 있다.

MCN의 이런 다변적인 모습에서 필자는 광고의 미래와 커머스의 미래를 엿본다. 개인적으로는 MCN의 미래에 있어 매우 중요한 포지션이라고 본다. MCN 콘텐츠는 기업들의 중요한 마케팅 수단으로 적극 활용되기 시작했고, MCN 기업들은 광고매체, 광고 제작, 커머스 영역으로 확장해 가고 있다.

글로벌 MCN 메이커스튜디오는 2015년에 광고 솔루션 서비스인 '

메이커셀렉트' Maker Select를 론칭했는데 이는 광고를 파는 시스템이다. 자신들이 운영하는 유튜브 운영 채널 5만 5천 개의 시청 데이터에다가 전문조사 기관 닐슨과 기타 소셜미디어가 제공하는 다양한 데이터 지표를 분석한 정보들을 기반으로 광고 자리를 판매한다. 광고주는 제공된 정보들을 지표로 삼아, 메이커스튜디오가 보유한 콘텐츠와 자사의 브랜드나 상품에 적합한지를 판단한다. 그리고 메이커셀렉트를 통하여 자신들의 광고를 붙일 채널이나 콘텐츠인 애드스페이스를 구입하게 되는 것이다 .

메이커스튜디오는 광고 판매 비즈니스를 강화하기 위해 웹비디오 분석회사 오픈슬레이트와 파트너십을 맺기도 했다. 메이커스튜디오는 광고를 붙일 공간을 파는 것 외에도 직접 광고를 제작한다. 물론 광고 제작은 크리에이터들이 맡는다. 이들이 만드는 광고 형식들이 네이티브 광고(콘텐츠), 브랜디드 콘텐츠다.

한국 방송사들 MCN에서 미래를 찾다

공중파 방송과 케이블 방송업계는 급변하는 콘텐츠 시장에서 곤란을 겪고 있다. 사람들이 TV 앞에 앉아있기보다는 컴퓨터나 모바일 기기를 통해 콘텐츠를 더 많이 소비하기 때문이다. 시청자의 감소에 따른 필연적인 수익성 악화로 인하여 고비용의 방송 제작 환경을 지속할 수 있겠는가에 대한 고민이 깊다.

방송사들의 주요 수익원인 광고 매출 급감은 생각보다 심각하다. 단적으로 2016년 1분기 국내 지상파 3사의 광고 매출은 3천억 원 선, 인터넷 공룡으로 불리는 네이버의 농일 기간 광고 매출은 6700억 원이었다.

인터넷 업계의 지속적인 광고 매출 증가는 필연적으로 방송사들의 광고 매출 하락으로 이어진다. 새로운 미디어의 등장은 전체 광고시장 파이를 크게 하는 요인도 되지만, 새로 등장한 미디어의 장악력이 증가하게 되면 필연적으로 기존 미디어들의 광고를 뺏어오는 결과를 초래한다. 즉 시장의 광고 규모가 획기적으로 늘어나지 않는 이상 한쪽의 매출이 늘어나면 한쪽은 줄어드는 풍선효과에 머무를 가능성이 높다.

불과 1~2년 전 만 해도 인터넷 기반 동영상에 광고를 붙이는 일은 드물었다고 한 KBS 외주제작사 대표가 필자에게 귀띔한다. 그러나 광고주들의 시각도 달라졌다. 인터넷 미디어의 영향력이 커지면서 유튜브 크리에이터들의 영향력도 덩달아 커졌다. 이들은 앞으로 더 많은 시청자들을 확보하고 다양한 형식으로 소통하며 시청자들이 원하는 콘텐츠를 속도감 있게 만들어내고 소비하게끔 할 것으로 예상된다. 물이 아래로 흐르듯 광고는 사람이 모이는 곳으로 흐른다. 광고주들이 유튜브, 아프리카TV, 페이스북 등 뉴미디어 채널에 광고를 늘려가는 이유다.

결국 기존 방송 시스템 환경에 적응해 온 외주 제작사들은 갈수록 줄어드는 제작비를 감당하지 못하고 인터넷 기반 프로그램 제작으로 속속 선회하고 있는 것이 현실이다.

위기감을 느낀 공중파 방송사들은 2016년 들어 뉴미디어에 대한 새로운 접근을 시도하고 있다. SBS는 조직개편을 통해 MCN 전담팀을 만들고, MCN 사업자들이 만들어내는 콘텐츠를 분석하고, 사업성에 대한 내부 검토에 들어간 것으로 파악된다. SBS는 '스브스뉴스', '비디오 머그' 등 5개 페이스북 팬페이지를 운영하면서 모바일 세대에 적합한 콘텐츠를 생산하고 있다.

MBC는 아프리카TV와 같은 라이브 방송 형식의 프로그램을 도입했다. '마이 리틀 텔레비전'이 그것이다.

KBS도 뒤질세라 '예띠 스튜디오'라는 브랜드를 걸고 본격적으로 MCN 사업에 뛰어들었다. 2016년에만 50개의 채널을 발굴하고 매주 수요일마다 1시간씩 생방송을 진행한다는 계획이다. 콘텐츠를 공동으로 제작하기 위해 트레져헌터와 손잡고 콘텐츠 공동제작에 나서기로 했다.

종편채널인 JTBC도 MCN 콘텐츠를 선보였다. JTBC 소속 장성규 아나운서가 1인 방송에 도전하는 콘셉트로 국내외 유명 크리에이터들이 방송에 대한 노하우를 전수하는 프로그램이다. '장성규의 짱티비씨'가 그것이다. 2016년 6월 현재, 유튜브 구독자수는 100명이 채 되지 않지만, 방송사의 매체력을 어떻게 활용할지 자못 궁금하다.

사실 전통 미디어들은 오래 축적된 콘텐츠 제작의 노하우가 있기 때문에 포인트만 잘 잡으면 MCN 비즈니스의 활로를 찾는 것이 어려워 보이지는 않는다. MCN이든 전통 미디어 기업이든 늘 그들의 숙제는 오직 한 가지, 시청자에게 어필할 수 있는 콘텐츠의 생산이다. 다만 자신들의 플랫폼에 맞는 형식의 콘텐츠를 만들어왔을 뿐이다. 그런 측면에서 보면 양자는 동일선상에 있다.

안락한 소파에 앉아 텔레비전을 통하여 느긋하게 즐길 수 있는 드라마의 콘텐츠가 있는가 하면, 이동하면서 짬짬이 즐길 수 있는 10분짜리 웹 드라마, 3~5분짜리 스낵 비디오가 있다. 어떠한 플랫폼을 통해 콘텐츠를 유통할 것인지에 따라 시청자가 달라지고, 시청 형태가 달라진다.

전통 미디어 입장에서 MCN 영역까지 확장하기 위해서는 자신들이 무엇을 가지고 있는지 분석하는 데서 첫단추를 끼워야 한다. 가령 보유 콘텐츠 중 인기 시리즈물이 있다면 이를 기반으로 프리퀄, 시퀄, 패러디물을 만든다든지, 시리즈에 등장하는 인기 장소, 의상, 맛집 등의 포인트 등을 뽑아내 짧은 형식의 스낵 콘텐츠로 파생 제작할 수 있을 것이다.

그리고 무엇보다 전통 미디어 특히 방송사를 매스미디어라고 하지 않는가. 이들은 여전히 강력한 매체력을 무기로 가지고 있다. 콘텐츠를 초기 이슈화하는 데 이 무기를 사용하면 된다.

또한 MCN 플랫폼 내에서만 시청할 수 있는 오리지널 콘텐츠를 제작하거나, MCN 기업들과 파트너십을 맺는 것도 방법이다. 미국 케이블 방송사 컴캐스트, 통신사 버라이즌이 각각 워처블, Go90를 만들어 오리지널 콘텐츠를 비롯해 글로벌 MCN 사업자의 콘텐츠를 유통하는 것을 타산지석으로 삼을 필요가 있다.

한국 게임기업들 MCN에 눈독들여

게임기업 네시삼십삼분은 트레져헌터에 27억 원을, 칠십이초에 7억 원을 투자하면서 MCN 분야에 적극적인 구애를 하고 있다.

2016년 들어서는 게임전문 MCN 오스카엔터테인먼트를 설립하여 카카오로부터 20억 원의 투자를 받았다. 오스카엔터테인먼트에는 게임 콘텐츠에 역량을 갖춘 크리에이터들이 소속돼 있다. 리그 오브 레전드(LoL), 피파 온라인3, 메이플 스토리, 서든 어택 등을 플레이하며 중계하는 대표적인 크리에이터들은 이미 아프리카TV 방송대상, 랭킹 1위, 온라인 개인방송 최대 동시 시청자 기록 등을 보유하고 있는 실력자들이다.

오스카엔터테인먼트는 이들에게 개인방송룸, 콘텐츠 분석, 개인별 전문 PD, 일정 관리 등 체계적인 매니지먼트 시스템을 제공한다고 한다.

국내 게임계의 강자인 넷마블, 넥슨도 MCN에 시장을 눈여겨 보고 있다. 넷마블은 자사 소속으로 활동할 크리에이터를 청년 인턴십으로 선발해 MCN팀을 시범 운영하고 있다.

넥슨은 게임 전문 MCN 콩두컴퍼니 소속 크리에이터들과 협력하여 자사 게임 마케팅에 이들을 적극 활용할 것으로 보인다.

음악 콘텐츠 기업인 로엔엔터테인먼트도 인턴십 선발을 통해 MCN에 적합한 콘텐츠를 제작하고 이를 통해 MCN 비즈니스로의 진출이 적절한지 테스트할 것으로 보인다.

경계를 허물어 가는 MCN

메이커스튜디오는 자신을 정의하는 데 더 이상 MCN이라는 단어를 쓰지 않는다고 한다. 스스로를 게이머, 펑크스타, 패셔니스타, 스포츠스타, 괴짜 등 다양한 사람들이 모여 있는 거대한 콘텐츠 공장임을 강조한다.

메이커스튜디오는 디즈니에 인수된 후 디즈니 브랜드를 활용하는 방안들을 내놓았다. 인기 시리즈인 마블 시리즈, 다양한 디즈니 애니메이션, ESPN 콘텐츠를 활용하여 크리에이터들이 융합 콘텐츠를 제작하게 한다.

예를 들어 ESPN이 운영하는 프로그램 '엑스게임즈'에서 최고의 익스트림 선수와 메이커스튜디오 소속 크리에이터들이 함께 출연하는 콘텐츠를 만드는 식이다.

머시니마 역시 MCN 콘텐츠를 제작하지만, 이미 영화, 오리지널 콘텐츠를 제작하면서 전통 미디어와 뉴미디어 영역을 넘나들고 있다. 그들이 제작한 웹 드라마 스트리트 파이터 시리즈는 이미 전문가의 작품으로 칭송받는 정도다. 스트리트 파이터 시리즈의 감독을 맡은 조이 안사는 2010년에 유튜브에서 화제가 됐던 팬 메이드 영상 '스트리트 파이터 레거시'를 제작했던 인물이다.

그는 스트리트 파이터 월드 워리어, 스트리트 파이터 어쌔씬 피스트를 꾸준히 만들었고 급기야 '스트리트 파이터 레저렉션'까지 제작했다.

이와 같은 MCN의 콘텐츠 영역 확장은 기존 유튜브 기반의 먹고 버리는 스낵컬쳐형 콘텐츠에서 전통 미디어의 콘텐츠와 자연스럽게 융합되는 신호탄이기도 하다. 저예산 콘텐츠와 고예산 콘텐츠의 구분은 있겠지만 두 콘텐츠 사이의 거리는 점차 보폭을 줄여갈 것으로 보인다. 그렇게 되면 어중간한 기획으로는 경쟁력을 갖출 수 없다. 여전히 기존 크리에이터들의 스낵형 콘텐츠를 보고 웃고 즐기는 이들은 있겠지만 휘발성 강한 스낵컬쳐형 콘텐츠로는 지속적인 수익성을 담보할 수 없다. 이는 지속가능한 비즈니스가 될 수 없다는 결론에 이른다.

MCN, 끊임없는 비즈니스 창출

영화 '뷰티 인사이드'를 보면, 주인공이 아침에 잠자리에서 일어날 때마다 얼굴이 바뀐다. MCN의 모습이 그렇다. 아직 명확한 모습을 갖추고 있지 않은 뉴 콘텐츠 비즈니스 영역이기 때문에 뭐라 딱 잘라 한마디로 정의 내리는 것은 어불성설이다.

특히 MCN이 하루하루 급변하는 IT 콘텐츠 비즈니스에 뿌리를 두고 있기 때문에 한 단어로 정의되기까지는 더 많은 시간이 필요할 것으로 보인다.

MCN은 시장의 흐름에 적응하는 멀티 채널 네트워크 Multi Channel Network, 멀티 크리에이터 네트워크 Multi Creator Network, 멀티 콘텐츠 네트워크 Multi Contents Network, 멀티 커머스 네트워크 Muiti Commerce Network, 멀티 플랫폼 네트워크 Multi Platform Network로 봐야하는 것으로 잠정 정의 내리면 좋겠다.

그런 관점에서 보면 MCN은 기존 미디어 시장을 잠식하거나 대체하는 것이 아니라 모바일 시대에 어울리는 크리에이터들과 시청자들이 좋아하는 콘텐츠를 만들고, 다양한 플랫폼에 콘텐츠를 유통하는 뉴미디어로 인정해주어야 할 것이다.

MCN은 미디어 자체에만 머물러 한계를 규정 짓기보다는 여러 산업들과 결합해 다양한 비즈니스를 창출해낼 것으로 전망된다. 이러한 움직임이 전통 미디어 기업, 게임회사, 음악 콘텐츠 기업을 움직이게 만들고 있고 새로운 산업 생태계를 일으킬 수 있으리라 본다.

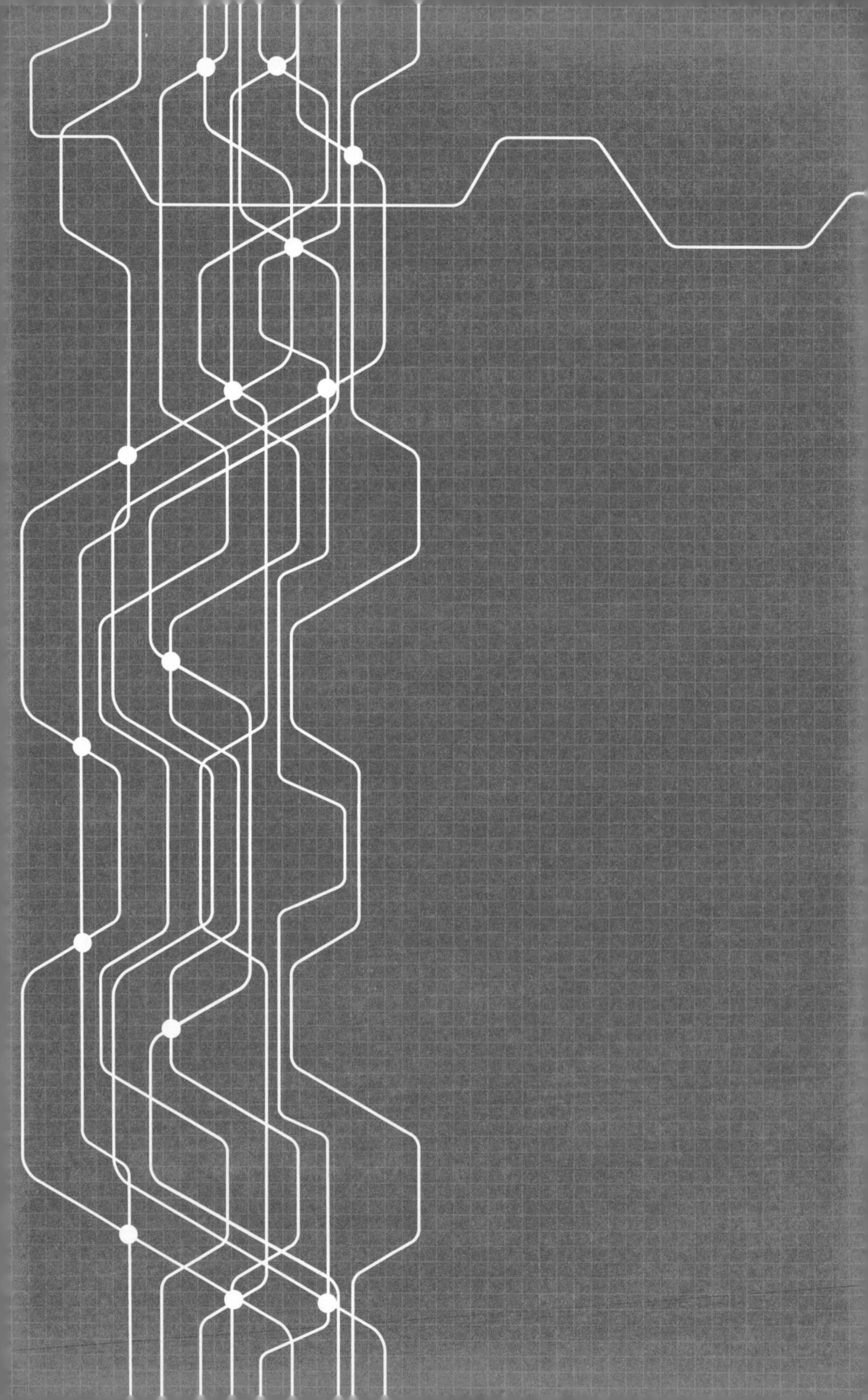

CHAPTER 02

크리에이터와 그들의 콘텐츠

글로벌 크리에이터들은 얼마를 벌까?

가장 수입이 많은 유튜버 7인

미국의 경제주간지 포브스는 2015년에 가장 수입이 많은 유튜버 10명을 소개했다. 이들은 미국, 유럽 등 다양한 국가에서 활동하고 있는 패션, 뷰티, 게임, 코미디, 음악 관련 크리에이터들로서 저마다 뛰어난 기획력, 재치있는 입담으로 구독자를 모으는 탁월한 능력자들이다. 이들이 유튜브에서 쌓은 명성을 활용하여 영화, 음반 발매, 화장품 사업 등으로 비즈니스를 확장해 나가는 모습에서 MCN의 방향성을 예상할 수 있다. 그러면 소개된 10명 중 대표적인 크리에이터 7명의 면면을 살펴보자.

퓨디파이 PewDiePie

스웨덴 출신으로 본명은 펠릭스 셀버그, 2016년에 27살이 됐다. 전 세계적으로 엄청난 수의 10대 팬을 거느린 그는 게임 전문 크리에이터로 2015년에 1200만 달러를 벌었다. 2015년 말, 유튜브 팔로워가 4천만 명을 돌파한 이후 매월 100만 명씩 구독자가 늘고 있다. 유튜브 조회수 누적 120억 회 이상이며, 하루 평균 1천만 건의 조회수를 올리고 있다.

그는 방송을 하면서 시청자들을 향해 브로 Bro라 부른다. 친근함의 표시다. 영상 막바지에는 항상 주먹을 서로 살짝 부딪히며 화이팅하는 의미의 브로피스트 Brofist를 외친다. 노랑머리, 헤드셋, 수염과 함께 브로피스트는 그의 트레이드 마크가 되었다.

암네시아, 페눔브라 시리즈, 크라이 오브 피어, 워킹데드, 데드 스페이스 등의 호러게임이나 액션, 인디게임을 플레이하면서 욕설을 하거나 깜짝 놀라거나 때로는 선정적인 춤을 추기도 한다. 탁월한 입

담은 강력한 무기다. 영상을 보면 겁이 많은 사람이란 인상을 받는다. 그럼에도 불구하고 호러게임을 즐긴다. 게임을 플레이하면서 놀라 소리를 지르곤 한다. 시청자들은 이런 모습에 박장대소한다. 거침없이 솔직한 모습이 시청자들을 매료시키는 것이 아닌가 싶다. 정말로 겁쟁이인지, 엄청난 연기자인는 알 수 없지만, 어쨌든 시청자들은 그의 진정성에 공감하는 것 같다.

퓨디파이가 처음부터 인기를 끌었던 것은 아니다. 다른 게임 크리에이터들처럼 마인크래프트나 데드스페이스2 등의 플레이 영상을 올렸을 때만 해도 평범했다. 그러나 2011년, 페눔브라 오버쳐 플레이 영상이 화제를 끌면서 TV에 방영이 됐고, 이후부터 호러 게임 웹캠 실황 영상을 올리며 빠르게 인기를 얻었다.

이때부터 자신의 콘셉트를 명확히 잡았고, 2012년에는 드디어 메이커스튜디오의 소속 크리에이터가 되는 기회도 잡았다. 메이커스튜디오로서도 든든한 백을 하나 잡았다고 표현하지 않을 수 없다.

스모쉬 Smosh

스모쉬는 87년생 동갑내기 친구인 이안 히콕스, 안토니 파디야가 2005년 만든 유튜브 채널이다. 2015년에 850만 달러를 벌어들여 2위에 랭크됐다.

주로 코미디 패러디, 기상천외한 영화, 비디오 게임 장면의 패러디 등 2~5분 짜리 동영상을 올린다. 이들은 2007년, 유튜브 비디오 어워즈에서 '스모쉬 쇼트2: 스탠더드'로 최고의 코미디상을 수상하기도 했다.

스모쉬는 유튜브 첫 포스팅이 대박을 치면서 빠르게 구독자를 모으기 시작했다. 이들은 포켓몬 테마곡을 립싱크해 콘텐츠를 제작했는데, 1천만 회 이상의 재생수를 기록했다. 이 영상은 유튜브 내에서 가장 많이 시청한 동영상 중 하나로 기록될 정도였다. 그러나 저작권 문제로 인해 해당 영상은 삭제됐다.

2010년에는 저작권 문제에 대한 소심한 복수로 포켓몬 테마곡을 립싱크했던 영상을 패러디해 다시 포스팅했다. 그리고 이 영상은 2800만 회의 조회수를 기록했다.

스모쉬는 2200만 명이 넘는 구독자와 55억 회에 이르는 누적 재생수를 가진 유튜브 오리지널 채널을 갖고 있다. 메인 채널 외에도

영상의 성격이나 테마에 따라 스모쉬2 채널, 스모쉬 게임 등 여러 채널을 운영 중이다.

스모쉬 오리지널 채널은 짧으면서도 강렬한 코미디 영상을, 스모쉬2 채널은 오리지널 채널의 동영상 제작시 비하인드 스토리, NG장면 또는 기타 일상을 포스팅한다. 스모쉬2채널도 500만 명 이상의 구독자를 보유하고 있다.

포켓몬스터 외에도 젤다의 전설, 마리오 등 비디오 게임 패러디물을 제작해서 포스팅하는데, 2015년 상반기부터는 친구들을 고정 멤버로 등장시키며 짧은 드라마 형식도 연출하고 있다.

음식전쟁으로 알려져 있는 푸드배틀 시리즈도 유명하다. 2006년부터 매년 선보이는 이 영상은 자신이 선택한 음식을 가지고 여러 우스꽝스러운 실험을 하면서 승패를 정하는 일종의 병맛 코드의 시리즈다.

그 외에도 '스모쉬는 심심해', '스모쉬와 택배시간' 등의 프로그램을 만들고 있고, 2015년 7월 24일에는 '스모쉬: 더 무비'라는 영화를 공개했다. 이 콘텐츠는 같은 해 8월 22일부터 아이튠스와 비메오에서 9.99달러에 판매됐다. 그 후 넷플릭스에서 이 영상을 독점적으로 스트리밍 서비스한다.

현재 스모쉬는 글로벌 MCN 기업인 디파이미디어에 소속돼 있으며, 유튜브뿐만 아니라 영화에도 출연하는 등 전통 미디어와 뉴미디어를 넘나들며 활발하게 활동하고 있다.

파인 브라더스 Fine Brothers

프로듀서 출신의 베니 파인, 라인 파인 형제가 만든 채널로 이들은 자신들이 직접 나서지 않고 다른 사람을 캐스팅하여 콘텐츠를 만든다는 점에서 다른 크리에이터들과 차별점이 있다. 2015년, 850만 달러를 벌어 스모쉬와 공동 2위에 올랐다.

이들은 유튜브가 생기기 전인 2004년부터 동영상 제작자로 활동했다. 2007년에 유튜브에 계정을 열면서 본격적인 크리에이터의 길로 나섰다. 코미디, 광고 패러디를 주로 포스팅하는데 가장 유명한 시리즈는 시청자 참여형 영상인 리액트 시리즈다.

리액트란 반응을 의미하는데, 파인 브라더스는 어떠한 상황이나 이슈에 대해서 시청자 연령대별로 키즈 리액트, 틴즈 리액트, 어덜트 리액트 등 여러 시리즈물을 제작한다. 키즈 리액트물이 인기가 많은

편이다. 이런 프로그램에 출연하는 사람들을 일컬어 리액터라 부르며, 많은 사람들이 리액터에 지원한다.

그러나 최근에 리액트 포맷을 만든 것이 자신들이 효시이므로 리액트라는 단어를 독점해야 하며 타인이 이 포맷으로 영상을 제작한다면 유튜브에서 발생하는 수익의 50%를 사용료로 지불해야 한다는 취지의 '리액트 월드 프로젝트'를 발표했다. 그러자 유명 크리에이터들을 중심으로 비난이 쏟아졌고, 글로벌 IT전문 매체인 매셔블도 이 사안을 다루었다.

스캔들 이후 채널의 구독자가 급격히 이탈하여 2016년 초, 1410만 명이던 구독자수는 1360만 명까지 감소했다. 영상에는 '좋아요'보다 '싫어요' 숫자가 많아지는 등의 항의 표시가 이어졌고, 급기야 1월 초 사과문을 발표했다. 파인 브라더스의 이 해프닝은 아무리 최고의 인기를 누리고 있다 해도 순간의 판단 착오로 채널의 파워를 순식간에 잃어버릴 수 있다는 교훈을 남겼다.

린지 스털링 Lindsey Stirling

린지 스털링은 바이올리니스트이자 댄서, 퍼포먼스 아티스트 및 작곡가다.

2010년에 미국의 오디션 프로그램인 '아메리카 갓 탤런트' 시즌 5에 출연해 준결승까지 올랐다. 힙합적인 덥스텝에 맞춰 전자 바이올린을 켜면서 발레 동작을 선보이는 등 파격적인 퍼포먼스로 클래식계의 레이디가가로 불린다.

유튜브에 'Spontaneous me'라는 뮤직 비디오를 올렸는데 반응이 좋자, 2012년에 데뷔 앨범 '린지 스털링'을 발표했다. 이 앨범은 미국 댄스, 일렉트로닉 차트, 클래식 차트 1위에 올랐다. 수록곡 중 'Crystalize'는 유튜브 재생수 4200만 회를 기록, 2012년에 가장 많이 본 동영상 8위를 기록하기도 했다.

두 번째 앨범 'Shatter me'가 발매되고 2015년 3월에는 10일 간 내한공연을 펼쳤다. 그녀는 한국문화와 케이팝을 좋아한다고 밝혔다. 케이팝에 대한 영향이 고스란히 녹아있는 곡이 앨범 'Shatter me'에 수록된 'V-Pop'이다.

직접 작곡한 곡 외에도 어쌔신크리드3, 파이널판타지, 젤다시리즈, 반지의 제왕, 포켓몬스터 등 게이머와 마니아 층에 어필할 수 있는 곡을 커버해 포스팅한다. 그중 반지의 제왕의 곡을 커버한 영상은 3500만 회 이상의 재생수를 기록했고, 젤다의 전설 커버 영상은

2800만 회 이상의 재생수를 기록하는 등 많은 사랑을 받고 있다.

2015년에 600만 달러를 벌어들여 유튜버 수입 랭킹 4위에 올랐다. 자서전 출간, 게임회사 맥스플레이와 합작하여 모바일 게임인 '팝 대시' 사업에 뛰어드는 등 비즈니스 보폭이 넓은 크리에이디다.

레트 & 링크 Rhett & Link

레트 제임스와 찰스 링컨이 만든 채널이다. 1978년 1979년생으로 크리에이터로서는 나이가 많은 편이다. 두 사람은 노스캐롤라이나주립대학 졸업후 엔지니어로 생활하다가 2006년 채널을 개설하며 전문 유튜버가 되었다. 2015년에 450만 달러를 벌어들여 랭킹 5위가 되면서 10년 만에 톱의 반열에 올랐다.

레트&링크 채널은 구독자수와 누적 조회수가 각각 410만 명, 6억 회 정도이다. 2년 후에 개설한 'Good Mythical Morning'은 구독자가 1천만 명이 넘고 누적 조회수도 24억 회에 달해 오리지널 채널보다 인기가 높다. 일상을 토크쇼, 뉴스 프로그램 형식으로 전달하는 채널로 시청자의 사연을 듣고 주제를 풀어간다든지, 코믹한 실험을 진행하는 코너 등 구성이 다양하다.

이들 수입의 대부분은 광고에서 나온다. 질레트, 도요타가 후원하고 있다. 제품의 바이럴를 위한 비디오와 뮤직 비디오도 제작했으며, 2016년 5월 기준 레트&링크의 영상 중 가장 많이 시청한 동영상은 'Epic Rap Battle: Nerd vs. Geek'로 3천만 회 이상 재생됐다.

KSI

KSI는 나이지리아계 영국인으로, 영국에서 가장 인기 있는 유튜버다. 본명은 올라지데 올라툰지(Olajide Olatunji)로, KIS 채널 외에 그의 이름을 딴 KSIOlajidebtHD가 있다. 게임 전문 크리에이터로 1300만 명이 구독하고 있는 KSI 오리지널 채널에서는 축구게임 '피파' FIFA를 플레이하며 재치 있는 입담의 해설을 붙인다.

KSIOlajidebtHD 채널에서는 캐주얼, 아케이드, 공포 게임을 플레이하는 영상을 포스팅하는데 430만 명이 구독한다. 2015년 한해

동안 450만 달러를 벌어들여 수입랭킹 공동 5위에 올랐다.

KSI는 게임 플레이 영상 외에도 일상 비디오나, 패러디물, 랩배틀 등의 영상도 포스팅하는데 힙합에도 관심이 있어 음반도 냈다. 2012년에 발표한 'Sweaty goals'는 영국차트 68위, 아이튠즈 차트 20위에 랭크됐다. 2015년 4월에는 힙합곡 '람보르기니'는 영국차트 30위까지 올랐다.

미셸 판 Michelle Phan

2016년 6월 현재, 유튜브 구독자 850만 명을 보유한 메이크업 아티스트다. 안젤리나 졸리, 레이디 가가 등 유명 연예인으로 변신하는 화장법 영상으로 주목 받았다. 2015년, 300만 달러를 벌어 수입 랭킹 7위를 차지했고, 같은 해 포브스 선정 '30세 이하의 30인 아트 스타일 부문'에도 이름을 올렸다.

2010년에는 세계적인 화장품 브랜드 랑콤이 그녀를 영입하기도 했으며, 2011년에는 유튜브 구독자들의 요청으로 '마이글램' MyGlam 을 설립했다. 월 10달러에 미셸 판이 사용하는 화장품을 박스에 포장하여 배송하는 서브스크립션 커머스 기업이다. 2016년 6월 현재, 매월 150만 명이 이 서비스를 받고 있다. 지금은 '입시' Ipsy라는 이름으로 회사 이름이 바뀌었다.

2015년 초에는 네덜란드 콘텐츠 제작기업인 엔더몰과 함께 유명 패션뷰티 크리에이터의 영상을 함께 볼 수 있는 '아이콘' Icon이라는 서비스를 론칭했다. 미셸 판은 유튜브의 인기를 기반으로 오프라인 비즈니스까지 확장한 대표적인 크리에이터이다. 웹툰 작가 데뷔도 준비 중이라고 하니 다재다능한 크리에이터가 아닐 수 없다.

글로벌 MCN의 인기 오리지널 시리즈 TOP 10

(2016 부산콘텐츠마켓, MCN 국제 비즈니스 트렌드 연사를 맡은 '마티아스 푸시만' 바스트미디어 공동창업자 발표 자료)

1위, Electra Women & Dina Girl

그레이스 힐빅, 하나 하트가 등장하는 범죄와의 전쟁 콘셉트. 70년대 TV쇼 리메이크. 풀스크린 소속

2위, Foursome

시즌당 6개 에피소드로 구성된 코미디물. 크리에이터가 시청자들에게 직접 대화를 거는 형식의 포맷. 풀스크린 소속

3위, How to survive High School

유튜브 최초 대본 있는 시리즈물. 2015년 8월부터 시작. 풀스크린 소속

4위, Part Timers

최초의 장편 시리즈, 스모쉬가 주연, 시즌1개당 11편 에피소드. 디파이미디어 소속

5위,RIOT

사회 이슈, 코미디에 이르기까지 다양한 형식의 동영상 시리즈 제작, 리파이너리29 소속

6위, Life Style Goals

엔더몰 비욘드에서 만든 시리즈 영상

7위, GLO All In

글로젤이라는 여성 크리에이터가 엄마가 되는 과정을 그린 다큐 시리즈, 어섬니스TV 소속

8위, 100 Things

살면서 하고 싶은 버킷리스트에 관한 영상. Go90에 시리즈 소개, 디파이미디어 소속

9위, Clevver Now

버라이즌의 Go90에서 방영되는 디파이미디어의 첫 번째 오리지널 시리즈.

10위, Legend Of Gaming

2014년 7천만 조회수 기록한 레전드 오브 게이밍 UK 인기 시리즈를 리메이크, 게임 대회 콘텐츠, 엔더몰 비욘드에서 제작

사이즈의 힘, 중국

중국은 중국의 방식대로

2016년 2월, 중국 장강일보에 한 여성의 라이프 스타일에 대한 기사가 실렸다. 연기와 무용을 전공한 1990년생 탄제 씨가 일상을 콘셉트로 개인방송을 진행하면서 자신을 '네트워크 프로그램 퍼스널리티'라고 칭했다는 내용이었다. 탄제 씨가 크리에이터라는 단어 대신이 말을 쓴 것은 개인의 특징, 사회적인 요인까지 포괄하여 매력있는 개성인으로 자신을 브랜딩했다고 볼 수 있다.

그녀는 매일 오후 2시부터 4시까지 스마트폰을 들고 버스를 타고 시내로 나간다. 옷을 사거나 거리를 걷는 흔한 일상을 콘텐츠로 만들어 포스팅하는데, 그녀가 벌어들이는 수입은 한화로 월 350만 원 수준이라고 한다.

중국은 한 달에 한화 기준 억대 수준의 돈을 버는 크리에이터들이 많다. 그 힘은 중국의 인구에서 나온다. 중국 전체 인구 10억 명 중에서 디지털 콘텐츠를 즐기는 소비자는 수억 명에 달하고, 앞으로도 계속 증가할 것이 분명하다. 인기 크리에이터들이 팔로워 수천만 명을 확보하고, 동영상이 인기를 얻어 수억 회의 조회수를 얻는 일은 다반사다.

중국판 유튜브라 불리는 '유쿠투도우'는 2012년에 유쿠, 투도우로 각각 나눠져 있던 서비스가 하나로 합쳐졌고 2015년, 알리바바에 의해 인수되었다. 유쿠투도우의 영향력은 막강하다. 일례로 2015년, JYP엔터테인먼트 소속 걸그룹 트와이스의 뮤직비디오 '우아하게'가 인기를 끌 무렵 유튜브 조회수는 500만 건이었지만 유쿠투도우에서는 7600만 건이 넘었다.

중국의 방송 시장은 지상파, 위성, 케이블, IPTV로 구성된 기존 방송 사업자와 유쿠투도우와 같은 온라인 영상 플랫폼 시장으로 나뉜다. IPTV 쪽은 정부 규제로 인해 성장이 제한적이지만, 상대적으로 인터넷, 모바일 플랫폼 분야에 대한 규제는 덜해 온라인 동영상 시장은 2011년 이후 연 40% 이상씩 성장 중이다. 온라인 동영상을 소비하는 시청자는 2015년 6월 기준 4억 6천만 명에 달하며, 이 중 76.8%인 3억 5천만 명은 모바일 기기를 통해 동영상을 소비하고 있다. 유큐투도우, 아이치이, 텐센트비디오, 러티비(LeTV), 소후TV 이들 5대 동영상 플랫폼 기업이 2016년 현재, 중국 온라인 동영상 시장의 70% 이상을 점유하고 있다.

국내 증권사인 동부증권이 내놓은 2015년 5월, 중국의 콘텐츠 기업의 시장 점유율 자료에 따르면 2015년 1분기 중국 온라인 동영상 시장 점유율은 유쿠투도우, 아이치이, 텐센트비디오가 각각 21.2%, 19.6%, 14.1%로 톱3 업체가 54.9%를 차지했다.

중국의 스타 크리에이터, 파피장

2016년 초 중국 콘텐츠 업계로부터 이례적인 투자 소식이 전해졌다. 중국의 벤처캐피털 쩐펀드, 라이트하우스캐피털, 싱투캐피털이 30세 여성 파피장에게 1200만 위안, 한화 약 20억 원을 투자했다는 소식이다. 주로 스타트업에 투자하는 이들 투자사들이 개인 여성에게 막대한 돈을 투자한 이유는 무엇일까?

파피장 Papi醬은 중국 중앙희극학원에서 연극영화를 전공한 30살의 여성 크리에이터다. 그녀는 자신과의 대화를 1인 다역으로 진행하는 3분짜리 콘텐츠 40개로 인기를 모았다.

그녀는 중국판 트위터인 '웨이보'의 팔로워가 1500만 명이 넘었고, 유쿠, 텅신 등의 동영상 사이트에서 그녀의 콘텐츠는 3억 회에 육박하는 누적 재생수와 영상별 평균 753만 회의 재생수를 기록했다. 인기의 영향이었을까. 그녀가 언급하는 제품, 그녀가 입은 옷은 불티

나게 팔려나간다고 한다.

파피장의 영향력을 가늠할 수 있는 사례를 하나 더 보자. 2016년 4월, 그녀는 자신의 1인 방송에 붙일 광고를 경매에 부쳤는데, 7분 만에 무려 2200만 위안에 낙찰됐다. 광고 자리를 산 기업은 상하이 소재 화장품 기업인 리런리장 麗人麗粧이었다.

벤처캐피털사들이 이례적으로 왜, 개인에게 20억 원이란 돈을 투자했는지 비로소 고개가 끄덕여진다. 그들은 파피장의 시장 영향력에 베팅한 것이다.

왕훙의 영향력이 만드는 경제

최근 우리나라에서는 어떤 높은 지위나 위치, 혹은 연예인이 아니면서 사회적 영향력을 가지고 있는 개인을 '인플루언서'라고 부르기 시작했다. 중국에서는 이들을 '왕훙' 網紅이라 부른다. 온라인 상의 유명인을 일컫는 중국어 '왕뤄훙런' 網絡紅人의 줄임말이다. '왕' 網 은 인터넷을 뜻하며, '훙' 紅은 인기가 높다는 의미이므로 '왕훙'이라 하면 인터넷 스타라 생각하면 된다.

왕훙들은 주로 모바일을 이용하여 자신의 일상, 고민상담, 취미 공유 등 다양한 콘셉트의 1인 방송을 진행한다. 이들의 방송이 인기를 얻으면서 왕홍은 중국의 경제에 일정 부분 영향을 미치기 시작했다. 이를 일컬어 최근 중국에서는 '왕홍 경제'라는 단어도 생겨났다.

2016년 5월, 중국의 제일재경이 발표한 '2016 중국 상거래의 왕홍 데이터 보고서'에 따르면, 왕홍의 상업 가치는 580억 위안(한화 약 10조 5천억 원)에 달한다고 한다. 이들의 콘텐츠가 영상이라는 점에서 중국의 영화 매출과 비교해 보면 재미있다. 2015년 중국의 영화 관련 매출은 440억 위안이었다. 왕홍이 영향을 미치는 전자상거래, 광고, 유료아이템, 서비스 등을 포함한 시장 규모는 2016년에 약 1천억 위안에 이른다는 분석도 있다.

왕홍의 영향력에 가장 민감한 세대는 20대 직장인이라고 한다. 이들은 전체 왕홍이 창출하는 소비의 50%를 이루는데, 특히 여성 왕홍은 화장품, 의류 분야에 영향력이 막강했고, 식품, 스포츠 분야로 영역을 점차 확대해가고 있다.

중국인터넷데이터센터 자료에 따르면 2015년 기준, 중국 인터넷 사용자 수는 6억 7천만 명이다. 인터넷 보급률은 48.4%이니 2016년 8월 현재, 보급률은 50%를 넘겼을 것으로 추정된다. 전 세계 평균보다 4% 포인트 높은 수준이다.

이런 높은 인터넷 보급률에 힘입어 중국의 크리에이터 생태계는 온라인 쇼핑과 밀접하게 연결돼 있다. 2014년 광군절(싱글 데이, 11월 11일) 알리바바 쇼핑몰 '티몰'의 의류 분야 매출 톱 10개 점포 중에서 무려 7개 점포가 왕홍이 운영하는 점포였다.

인터넷 스타에 대한 애정이 그대로 구매로 이어지는 것이다. 재벌 2세 인터넷 스타 왕쓰충의 전 여자친구로 유명했던 쉐리는 2015년 티몰에서 여성의류, 액세서리 등을 판매해 1억 위안의 매출을 올려 화제가 되기도 했다.

중국의 라이브 방송 플랫폼 각축전

중국은 유튜브형 크리에이터보다는 한국의 방송자키(BJ)과 유사한 형태의 라이브형 크리에이터들이 많다. 플랫폼 간의 각축전도 상당하다. 라이브 방송의 대표 플랫폼인 후야TV 虎牙 TV, http://www.huya.com는 중국판 아프리카TV라 봐도 좋다. 후야TV는 중국 YY Inc가 서비스하고 있는 생방송 스트리밍 서비스다. 2016년 들어서면서 후발주자인 도우위 TV http://www.douyu.com에 밀리는 감이 있지만, 2015년 한 해만 한화 기준 1천억 원이 넘는 돈을 투자하는 등 적극적인 세 확장을 하고 있다.

도우위TV는 VOD 스트리밍 서비스 AcFun에서 출발한 생중계 스트리밍 서비스로 미국 세콰이어캐피털로부터 2300만 달러 규모의 투자를 받아 2015년 1월 야심차게 출발했다. 두둑한 실탄을 장전하고 도우위TV는 공격적인 투자를 감행해왔다. 후야TV의 인기 크리에이터 6명을 100억 원 넘는 이적료를 지불하고 영입하는 등 과감한 베팅을 하여 이목을 집중시키기도 했다. 그 결과 2015년 기준으로 하루 페이지뷰 4천만 건을 기록하며, 2016년 현재, 중국의 3대 생중계 스트리밍 서비스로 자리잡았다.

또 하나의 서비스로 판다TV가 있다. 아시아 최고 부호 완다그룹의 종수인 왕젠린의 아들 왕쓰충이 이끌고 있다. 2015년 7월부터 서비스를 시작한 판다TV http://www.panda.tv는 약 한화 35억 원으로 출발하여 규모는 크지 않은 편이다. 그러나 한국의 온게임넷 스타리그의 제작을 책임졌던 위영광 PD를 영입하는 등 국적을 불문하고 역량 있는 크리에이터 영입에 집중하고 있다. 직접 e스포츠 구단을 창단하여 스포츠 채널 LeTV를 함께 경영하고 있다.

이외에도 게임 전문 스트리밍 서비스로 이름이 알려져 있는 후오마오TV 火猫, www.huomaotv.com, 텐센트 배급 게임의 콘텐츠 저작권을 독점하고 있는 롱주TV 龙珠, longzhu.com 등이 있다.

중국의 라이브 방송업계의 각축이 점차 가열되면서 한국인 크리에이터들이 중국으로 활동무대를 옮기는 일도 심심치 않게 생기고 있다. 2016년 4월 한국 기업, 디스이즈미디어와 중국 넷이즈그룹이 공동으로 '한중 BJ 오디션'을 개최했다. 넷이즈그룹은 7억 명 정도가 이용하고 있는 중국 4대 포털 사이트로 중국의 개인방송 라이브 플랫폼 넷이즈CC http://cc.163.com를 운영한다. 넷이즈CC 한국관 채널에서 활동하게 될 메인 BJ 10명을 선발하는 이 오디션에 많은 한국인 크리에이터들이 관심을 보였다. 최종 선발자들은 한화 3억 원의 연봉으로 전속 계약을 맺었다. 결코 적지 않은 연봉이다.

인기 게임 리그 오브 레전드(LoL)의 대리기사로 명성을 떨쳤던 아마추어 초고수 게이머 도파는 중국에서 성공적으로 안착한 한국인 BJ다. 현재 후야TV에서 개인방송을 진행하고 있으며, 연간 수십억 원을 벌어들인다는 후문이다.

최근 중국의 MCN 기업들은 역량있는 BJ 발굴에 적극 나서고 있다. 2013년 설립된 MCN 기업 유자는 소속 BJ수만 해도 1만 명이 넘는다.

정보통신산업진흥원 NIPA Nationa IT Industry Promotion Agency자료에 따르면 중국의 실시간 인터넷방송 시장 규모는 50억 위안에 달할 것으로 추산되고 있다. 시장의 확장과 더불어 이들이 직면한 숙제 역시 수익 모델의 발굴이다. 글로벌 MCN 기업들이 당면했던 숙제를 중국 MCN 기업들도 고스란히 안고 있는 것이다. 중국 인터넷 개인방송의 수익은 주로 사이버 아이템 판매에 의존하고 있는 것이 현실이다.

하지만 중국의 최대 강점은 인구다. 콘텐츠 시장도 인구수에 힘입어 규모면에서 이미 세계 3대 시장으로 성장했다. 2015년 중국 콘텐츠 시장은 1680억 달러에 이르는 것으로 추산된다. 아시아 전체 콘텐츠 시장의 24%를 차지하는 규모다. 매년 10%대의 성장률을 보이고 있어 몇 년 내에 일본을 추월할 것으로 보인다.

일본, 독특한 MCN 생태계를 갖추다

유튜버, 일본 초등학생 장래희망 3위

2016년 3월, 일본 마이니치 신문에 오사카 소재 한 초등학교 4학년 남학생 대상의 장래희망 설문 조사 내용이 기사화됐다. 상위 랭크된 직업을 보면, 1위 축구선수, 2위 의사, 3위 유튜버, 4위 공무원이었다. 직업으로 분류되지 않은 유튜버가 초등학생들 사이에 돈 많이 버는 직업으로 인식되고 있다.

일본은 사회 전반적으로는 유튜버에 대한 합의된 인식은 미약하다. 그러나 존재감은 뚜렷하다. 전 세계 유튜브 월간 활성이용지수 MAU는 약 10억 명인데 일본이 그중 4천만 명을 차지하고 있다.

유튜브 인기 덕에 MCN 비즈니스도 꽤 안착되어 있어 연간 수천만 엔의 수입을 올리는 크리에이터도 부지기수다. 이들은 기본적으로는 '애드 센스'를 통해서 수익을 창출한다. 영상물을 1 뷰view할 때 0.1~0.2엔의 광고 매출이 생긴다고 보면 100만 회 조회 되었을 때

대략 한화로 110~220만 원의 매출이 나온다. 이를 톱 크리에이터에 대입하면 이들이 유튜브를 통해 벌어들이는 수입은 연간 최대 한화 10억 원에 달한다. 그러나 2016년 들어 영상물 조회당 광고 수익이 0.025~0.5엔으로 떨어졌다는 분석이 나오는 것으로 봐서, 크리에이터별로 편차가 꽤 있는 것으로 보인다.

일본의 톱 크리에이터

일본 최고의 크리에이터는 비트박스 플레이어로 TV 예능 프로그램에도 단골 출연하는 히카킨이다. 그는 2013년, 에어로 스미스의 콘서트에 출연하면서 순식간에 스타덤에 올랐다. 4개의 유튜브 채널을 갖고 있고 총 구독자수는 6백만 명, 누적 조회수 26억 건 이상이다. 2016년 5월, 한 달 간의 동영상 재생수를 기준으로 추정하면 히카킨의 연수입은 약 2억 엔에 이른다. 일본 프로야구에서 연봉 2억 엔 수준의 선수가 30명이 안 된다고 하니 그가 얼마나 고액의 크리에이터인지 가늠이 간다.

크리에이터 세이킨은 히카킨의 친형으로, 형제는 콜라보로 유튜브 테마송을 제작하여 화제를 불러 일으켰는데 조회수가 3천만 건에 달했다. 세이킨은 한 인터뷰

에서 이렇게 말했다. "스마트폰 하나로 누구나 쉽게 동영상을 만들고 전달할 수 있는 시대인 만큼 고민하고 있을 틈이 있으면 일단 도전해 보라. 포기하지 말고 꿈을 잡아라."

영상을 보면 두 크리에이터가 얼마나 디테일한 부분까지 신경을 쓰며 콘텐츠를 만드는지 느낄 수 있다. 세이킨의 추정 연간 수익은 8700만 엔 수준이다.

일본 크리에이터 수입 2위는 하지메사쵸다. 엽기실험 크리에이터로 불리며, 유튜브 구독자수 340만 명으로 단일 채널 구독자수로는 일본 내 1위다. 월간 동영상 재생수 1억 3800만 건, 누적 재생수는 21억 회에 달한다. 추정 수입은 1억 6600만 엔 정도다.

SBS 예능 프로그램 '스타킹'에도 출연한 바 있는 키노시타 유우카는 햄버거 20개를 먹는 영상을 올리며 화제가 된 크리에이터인데, 희대의 대식가임에도 23인치의 허리 때문에 더 큰 관심을 받았다. 그녀의 연간 추정 수입은 약 5400만 엔 수준이다.

키즈 크리에이터, 인기 급부상

일본 MCN 업계에서 주목 받는 분야는 단연 키즈다. 대표 채널로 키즈라인이 있다. 유튜브 구독자수는 97만 명, 누적 재생수는 16억 회, 월간 재생수는 1억 4700만 건에 이른다.

인기 키즈 크리에이터로 AAA조켄은 2016년 6월 현재, 유튜브 구독자수는 120만 명, 누적 재생수는 22억 건으로 월간 재생수는 8700만 회를 기록 중이다. 장난감을 소개하는 영상으로 어린이들에게 인기 만점이다. 연간 추정 수익은 1억 엔이다.

센 모아이 Sen, Momo & Ai도 인기 고공 행진 중이다. 부모가 제작하는 채널이라는 점에서 미국의 인기 키즈 크리에이터 에반튜브와 흡사하다. 모아이의 경우 영어 코멘트 비중이 높아 영어권에서도 트래픽이 꽤 발생한다. 유튜브 구독자 76만 명, 월간 재생수는 8500만 건, 누적 재생수는 17억 회에 달한다. 연간 추정 수입은 약 1억 엔 수준이다.

일본의 MCN 비즈니스

일본의 콘텐츠 시장은 미국에 이어 전 세계 2위 규모다. 콘텐츠 산업의 규모와 발전이 경제 규모와 비례하는 것을 확인할 수 있다. 일본의 MCN 산업도 잘 발날되어 있어 글로벌 MCN에 버금가는 수준이다. 그만큼 역량있는 크리에이터들이 톱 클래스로 성장할 수 있도록 시스템을 잘 갖추고 있다는 얘기다.

일본 MCN 기업의 최고봉은 움 UUUM으로 톱 크리에이터 히카킨과 하지메사쵸의 소속사다. 움은 신규 크리에이터 모집을 소홀히 하지 않는다. 2016년 들어서도 1천 명 규모의 크리에이터를 공개모집했다.

아티스트 성향이 강한 크리에이터와 외국인 크리에이터를 다수 보유한 중견 MCN 기업, 브레이커는 액티브한 실험을 많이 하는 메그윈TV 구독자 57만 명, 뷰티 크리에이터 세키네 리사 구독자 32만 명, 뮤지션 코바소로 구독자 30만 명 등이 소속되어 있다. 이 회사는 유튜브재팬과 협업을 잘 이루는 걸로 알려져 있다.

제네시스원은 상품 판매, 마케팅에 무게를 두고 커머스, 광고 분야로 확장하고 있는 MCN 2.0 기업이다. 얼짱으로 인기를 모으고 자신의 이름을 딴 패션 브랜드를 출시한 크리에이터 와타나베 마호토 구독자 152만 명의 소속사이다. 제네시스원은 2016년 4월부터 1년에 5

천 엔 가격의 유료 회원을 모집하면서 정액제 기반의 수익 모델을 안착시키기 위한 시도를 하고 있다.

일본의 연예기획사 '요시모토 흥업'도 최근 MCN 기업으로 이름을 올렸다. 자신들의 특성을 살려 코미디, 예능을 추구하는 크리에이터 영입에 적극적이다.

이외에도 베이커리 전문 크리에이터 데코쿠키가 소속된 '크릭 앤 리버 온라인 크리에이터'가 대표적인 일본 MCN 기업의 하나다.

이렇듯 일본에는 굵직한 MCN 기업들이 MCN 생태계를 잘 꾸려나가고 있다. 반면 일본에서는 글로벌 MCN 기업들이 맥을 못추는 듯하다. 2016년 현재, 일본 유튜브 채널 순위 100위권 내에 MCN 기업들이 51개 채널을 점하고 있고, 이 중 움이 32개를 차지한다.

일본인들은 주로 자국의 크리에이터 콘텐츠를 선호하는 경향이 있는데, 이는 일본만의 독특한 문화에 기반한다. 그리고 크리에이터들이 개인적으로 활동하기보다는 대부분 MCN 기업에 소속되어 있으면서, 크리에이터 간 교류가 활발하여 서로의 동영상에 게스트로 등장하거나, 콜라보로 동영상을 제작하는 사례가 많다. 이는 글로벌 MCN의 크리에이터와 대별되는 특징이다.

일본 MCN 비즈니스에서 유튜브재팬의 다양한 물적지원은 큰 힘이다. '도쿄 유튜브 스페이스'는 그 핵심이다. 이를 적극적으로 활용한 사례로 극단 '게키단 스쿼시'가 있다. 이 극단은 2008년부터, 제작한 드라마를 유튜브에 올리기 시작했다. 2016년 6월 현재, 채널 구독자는 30만 명에 이른다. 그 전까지는 모객에 큰 어려움을 겪었지만 지금은 연일 매진행진을 이어가고 있다고 한다. 유튜브의 위력을 가늠할 수 있다.

그들이 제작한 호러 드라마인 '스타킹 뱀파이어 시리즈'는 조회수 1300만 건을 넘으며 인기를 끌었다. 스타킹 뱀파이어에 등장하는 일본식 세트장은 모두 유튜브 스페이스에서 촬영한 것이다.

스텔스 마케팅, 콘텐츠를 교묘하게 녹인다

일본에서는 크리에이터들이 콘텐츠에 기업의 제품이나 서비스를 교묘하게 녹이는 PPL 형식을 스텔스 마케팅이라고 한다. 우리가 지칭하는 브랜디드 콘텐츠와 흡사하다.

유튜브 크리에이터 시바타 ZZ가 직접 밝힌 바에 따르면 이런 방식의 콘텐츠를 통하여 해당 기업으로부터 받는 돈은 구독자수의 1.5배라고 한다. 그의 구독자가 37만 명이니, 제품을 1회 소개하고 약 55만 엔의 수입을 올린다고 볼 수 있다. 단순 계산으로, 구독자 320만 명의 톱 크리에이터 하지메사쵸에게 이 공식을 대입하면, 그를 활용하여 PPL을 하려면 480만 엔, 우리돈으로 5천만 원이 넘게 든다는 계산이다.

하지메사쵸의 2015년 2월 14일 발렌타인데이 가나초콜릿 영상은 스텔스 마케팅의 한 시도로 볼 수 있다. 100개의 가나초콜릿을 탑처럼 쌓아놓고 격파를 시도했으나 한 개도 깨지 못하고 아파하는 코믹한 4분짜리 영상물이다.

일본에서는 이런 방식의 간접광고가 점차 많아지고 있다. 크리에이터 광고 매칭 서비스 기업 '더쿠'는 동영상 광고 시장 분석 자료에서, 네이티브 광고는 2014년 154개에서 2015년 1276개로 약 8배 증가했고 시장 규모는 약 15억 엔에 이를 것으로 추산했다.

네이티브 광고 중 네슬레재팬의 사례를 살펴본다.

네슬레재팬은 2013년 9월 1일에 출시한 '네스카페 엑셀라 거품라떼' 홍보를 위해 유튜브 인기 크리에이터 6명을 동원해 경연을 벌였다. 커피 표면에 떠 있는 부드러운 거품처럼 기분이 말랑말랑해진다는 것을 60초 분량의 동영상으로 표현하도록 하고, 가장 우수한 작품을 선정하는 홍보 대회였다.

경연에는 경쾌한 메이크업 편집 영상으로 인기를 끄는 뷰티 크리에이터 사사키아사히 구독자수 47만 명, 일본에 유학온 캐나다 여성 문화 크리에이터 샬라인재팬 구독자 49만 명, 천연공방 극단 소속 배우 세토히로시 구독자 106만 명, J팝 댄스 크리에이터 매화꽃 구독자 6만 명, 뉴질랜드 여성 문화 크리에이터 미메이 구독자 26만 명, 아기자기한 모습의 요리로 유명한 쿡방 크리에이터 모소구르메 구독자 151만 명가 경연에 참가했다. 1위는 사사키아사히에게 돌아갔다. 이 영상은 경연 기간 동안 조회수 20만 건을 기록했고, 2016년 6월 현재, 124만 회의 조회수를 기록하고 있다. 이 영상은 당시 TV CF로도 방영이 되었다.

그러나 일본에서는 광고를 광고라고 표시하지 않는 행위를 비도덕 혹은 불법으로 취급하는 경향이 있어 스텔스 마케팅을 바라보는 시선이 곱지만은 않다. 일본 유튜브 동영상에서 광고임을 명확하게 표시하는 것은 이런 이유 때문이다.

한국의 톱 크리에이터들

한국 MCN의 양대 산맥과 대표 크리에이터들

MCN 비즈니스의 진보는 진행 중이다. 그렇지만 MCN은 여전히 유튜브에 뿌리를 내리고 있고, 그 뿌리에 끊임없이 자양분을 제공해 온 것은 수많은 크리에이터라는 점은 변함이 없다. 크리에이터는 MCN 비즈니스를 가능하게 한 가장 중요한 원동력이다. 연예인이 없는 방송을 생각할 수 없는 이치다.

한국에서는 CJ E&M 다이아TV와 트레져헌터를 빼놓고 크리에이터를 이야기할 수 없다. CJ E&M 다이아TV는 규모로만 보면 세계 30위권이고, 아시아 1위 MCN 기업이다. 2016년 5월 기준으로 800명이 넘는 크리에이터를 보유하고 있다. 또한 CJ E&M은 우리나라 케이블 방송의 대표주자로 전통 미디어 분야에서도 시장 장악력이나 영향력도 상당하다. 2016년 6월 현재, 운영하고 있는 35개의 유튜브 채널에는 매일 100개가 넘는 동영상 콘텐츠가 업데이트된다.

트레져헌터는 한국 최초의 독립적인 MCN 사업자로 인터넷 방송계의 SM엔터테인먼트로 불린다. 2015년 4월 기준으로 콘텐츠 시청 횟수 17억 뷰, 유튜브 채널 총 구독자는 725만 명 수준이다.

양대 MCN 기업을 중심으로 활동하고 있는 한국의 대표 크리에이터들의 면면을 살펴본다.

최고의 크리에이터, 대도서관

CJ E&M 다이아TV 소속으로 2016년 6월 기준 구독자 120만 명을 보유한 명실 공히 대한민국 1등 크리에이터다. 이러닝 회사의 평범한 인터넷 강사였던 그는 고졸 학력만으로는 성공하는 데 한계가 있다는 생각에서 자신을 브랜딩하기로 결심했고 자신의 경험을 살릴 수 있는 개인 인터넷 방송에서 길을 찾았다.

그는 전설적인 게임 개발자 '시드 마이어'의 문명게임을 플레이하면서 내레이션을 입혔다. 목소리가 좋아 문명하는 송중기란 의미의 '문명중기'로 불렸다. 문명게임에서 알렉산더의 대도서관을 지으면 기술 하나를 공짜로 받을 수 있다. 거기에 착안해 대도서관이란 이름으로 브랜딩을 했다. 물론 좀 더 멋지고 쉽고 외국인에게도 친숙한 이름을 지었다면 하는 후회를 했다고 한다. 그는 해외에까지 인지도를 넓혀가고 있다. 해외에서는 '버즈 빈' Buzz bean으로 불린다.

대도서관은 생방송보다는 지속적으로 콘텐츠를 만들어 정기적으로 콘텐츠 업데이트하는 방식을 선호하다. 말하자면 그의 콘텐츠는 녹화방송인 셈이다. 그는, 크리에이터는 콘텐츠를 만들어내는 환경에 익숙해지도록 노력해야 한다고 조언한다.

이 말은 많은 사람에게 꾸준히 정기적으로 콘텐츠를 제공해야 한다는 의미가 포함된다. 그래야 시청자와의 소통의 접점을 만들기도 용이하다는 것이 대도서관의 의견이다.

먹방의 대표주자, 밴쯔

국가대표급 먹방 개그맨 김준현도 울고갈 푸드파이터급 먹방 콘텐츠의 킬러다. 그러나 그는 키가 178Cm, 몸무게 70kg의 표준 체

형이다.

밴쯔에게 햄버거 10개를 5분 만에 먹어치우는 것은 기본이고, 한 번에 라면 6~7그릇도 거뜬하다. 먹방의 메뉴는 다양하다. 그는 하루에 6~10시간 운동을 한다고 한다. 거대한 식사량을 소화시키기 위한 철저한 직업 정신의 발로가 아닐 수 없다.

밴쯔의 구독자는 83만 명이 넘는데, 이 중 70%가 여성이라고 한다. 다이어트에 민감한 여성들이 자신의 먹방을 보면서 대리만족을 하거나 먹는 욕구를 푸는 것 같다는 말을 하기도 했다. 그의 먹방 콘텐츠의 누적 재생수는 3억 회를 넘는다.

굿잠오게 해주는 크리에이터, 다나

게임, 먹방은 재미를 추구하지만 부작용도 존재한다. 그러나 크리에이터 다나의 콘텐츠는 유용하고 착하다. 그리고 색다르고 차별적이다. CJ E&M 다이아TV 소속의 크리에이터 다나는 ASMR을 활용한 콘텐츠를 만든다. ASMR Autonomous Sensory Meridian Response

은 자율감각 쾌감반응을 말하는데 쉽게 말해 잠이 잘 오도록 이완시켜주는 것을 말한다. 일상 속의 자연스러운 모습이나 소리를 재현해서 마음의 안정을 주는 게 목적이다.

2016년 현재, 구독자는 21만 명, 누적 재생수는 3400만 회에 이른다. 다나의 콘텐츠는 주로 새벽에 업데이트된다. 잠을 이루지 못하고 뒤척이는 시청자들을 타깃으로 하기 때문이다.

뷰티라면 내가 짱이야, 씬님

CJ E&M 다이아 TV 소속의 씬님은 국보급 뷰티 크리에이터로 불린다. 메이크업 학원을 다닌 적도 없고 관련 자격증도 없지만 해외에까지 이름을 날리는 유튜브 스타다. 트렌디한 메이크업 영상에 많은 사람들이 넋을 놓는다고 한다. 메이크업 콘텐츠는 다른 분야에 비하여 언어적 장벽도 덜한 측면도 있다. 콘텐츠의 성격상 구독자 대다수가 여성인 것으로 추정된다. 유튜브 구독자 98만 명, 조회수 1억 6700만 건을 넘었다

뷰티 관련 콘텐츠는 입소문이 빠르다. 그만큼 실제 상품 구매로 직결시킬 수 있는 영향력을 가지고 있다는 것이다. 이런 이유 때문인지 뷰티는 MCN의 핵심 분야이다. 2015년 한 해만도 글랜스TV, 레페리, 에이스케치, 셀프뷰티 등 수십여 개의 크고 작은 패션뷰티전문 MCN 및 콘텐츠 업체들이 업계에 이름을 오르내렸다. 이들 중 일부 업체늘은 패션뷰티 콘텐츠와 커머스 사업을 연동하는 비즈니스 모델을 가지고 있다.

씬님 외에도 라뮤끄, 다또아, 써니 등의 뷰티 크리에이터들도 40만 명이 넘는 구독자를 보유한 인기 크리에이터들이다.

천하의 악동, 쿠쿠크루

스스로 선진국형 아이돌로 칭하고, B급 문화를 현실로 대변하는 병맛스러운 영상을 만드는 악동 크리에이터다. CJ E&M 다이아 TV 소속이다. 이들의 영상은 대부분 즐겁게 장난치며 노는 장면들이다. 자유롭게 그들만의 문화를 영상에 자연스럽게 녹여내면서 팬들의 호응을 얻었다. 흔들리는 차 안에서 자장면을 먹는 도전을 한다거나 친구의 이삿짐을 몰래 버리고 도망가는 장난도 서슴지 않는다.

자기들끼리 히히덕대며 웃고 즐기며 장난치는 동영상이 다른 사람에게도 즐거움을 주는 묘한 끌림이 있는가 보다. 가끔은 지나치다 싶은 심한 장난이 등장하지만 아직 큰 사고를 친 적은 없다. 2016년 5월 기준 유튜브 구독자수는 59만 명, 누적 재생수는 조회수는 1억 9천만 회를 넘었다.

더빙 전문, 유준호

CJ E&M 다이아 TV 소속 크리에이터인 유준호는 '누텔라 보이스'로 알려져 있다. 게임 캐릭터 성대모사를 하거나 광고를 코믹하게 더빙하는 콘텐츠로 인기를 누리고 있다. 스스로를 더빙 아티스트라고 칭한다. 다른 영상을 가져와서 자신만의 방식으로 더빙을 하여 시청자들에게 재미를 주거나, 시청자들로부터 동영상을 제공받아 그 동영상에 더빙을 한다. MBC, SBS 등 지상파 프로그램을 통해 목소리를 알리기도 했다. 2016년 5월 현재, 유튜브 구독자수 41만 명, 조회수는 1억 2천만 건을 넘었다.

초등학생의 대통령, 양띵

대도서관과 쌍벽을 이루는 인기 높은 여성 게임 크리에이터다. 초등학생들로부터 인지도가 막강하여 초등학생의 대통령으로 불린다. 169만 명의 채널 구독자, 누적 재생수 10억 회에 이른다. 자신의 성인 '양'과 '띨띨하다'를 조합해 양띨띨이란 닉네임을 쓰다가 부르기 어렵다고 해서 '양띵'으로 바꿨다. 초창기에 던전앤파이터 BJ로 이름을 알렸고 이후 마인크래프트로 주력 콘텐츠를 바꿨다. KBS 예띠 TV에 진행자로 캐스팅되면서 지상파에 진출했다. 2016년 6월 현재, 트레져헌터의 기획이사로 재직 중이다.

마인크래프트의 거물, 악어

트레져헌터 소속의 거물급 크리에이터다. 유튜브 마인크래프트 콘텐츠의 강자로 GTA 5, 롤, 버블파이터, 리그오브레전드 등의 게임 방송도 진행한다. 콘텐츠의 품질이 높은 것으로 정평이 나 있다. 악어의 구독자는 108만 명 수준이며, 누적 재생수는 7억 회를 넘었다.

여캠 BJ의 최고참, 김이브

세이클럽에서 라디오 방송을 시작으로 아프리카TV와 함께 성장한 국내 최장수 BJ이자 여캠의 최고참이다. 방송 형식은 다양한 주

제로 1인 토크를 한다. 시청자들의 고민상담, 일상의 시시콜콜한 이야기를 편한 분위기로 이끄는 장점이 있다.

예쁜 외모에 거침없는 언변, 때로는 욕설도 서슴지 않는다. 아프리카TV에서 난무하는 노골적인 성드립이나 욕설에도 눈 하나 깜짝하지 않고 재치 있게 받아치는 강철 멘탈의 소유자로 알려져 있다. 유튜브 채널 구독자는 92만 명, 누적 재생수는 3억 4천만 회를 넘었다.

샌드박스 게임 크리에이터, 도티

CJ E&M 다이아TV 소속 크리에이터로 마인크래프트 플레이어였는데, 자신이 직접 '샌드박스네트워크'라는 MCN 회사를 설립하여 활동하고 있다. 유튜브 채널 구독자는 86만 명, 누적 재생수는 5억 6천만 회를 넘었다. 샌드박스네트워크는 특정 룰이 없이 유저가 게임 내에서 자유롭게 게임룰을 만드는 형식의 샌드박스 게임을 선호하는 크리에이터들이 중심이다. 도티는 현재 최고 콘텐츠책임자(COO)로 있고, 이필성씨가 2015년 7월부터 최고경영자를 맡고 있다.

부정적 이슈를 낳는 이름 BJ

한국의 크리에이터 생태계를 논할 때 빼놓을 수 없는 단어가 있다. BJ Broadcast Jockey다. 아프리카TV가 자리잡으면서 진행자들을 부르는 용어가 되었는데, 음악을 틀어주는 전문 진행자를 디스크 자키 Disk Jockey-DJ라고 부른 데서 생긴 콩글리쉬다. 스트리머 Streamer가 정확한 표현이다. 우리에게는 이미 친숙한 용어가 되었지만 영미권에서는 BJ라고 하면 구강성교, Blow Job을 떠올린다고 한다. 사실 BJ의 효시는 90년대 후반부터 유행했던 채팅문화에서 찾을 수 있다. 당시 방을 개설한 이를 뜻하는 방장 Bang Jang을 줄여 BJ로 부르곤 했다. 인터넷 방송이 라이브 동영상과 채팅이 결합한 형식이다 보니 자연스럽게 BJ라는 이름이 계승된 것이 아닌가 싶다.

"구글에서 BJ로 이미지 검색을 해보시겠어요?"

콘텐츠 전문가로 정평이 나 있는 아이뉴스24 성상훈기자와 BJ에 대한 이야기를 나누다 그가 건넨 한마디다. 실제로 구글에서 BJ로 이미지 검색을 하면 야한 옷을 입은 예쁜 여자들이 웹캠 앞에 앉아 있는 사진이 첫 화면에 가득하다.

게임, 먹방, 패션, 뷰티, 생활 등 인터넷 1인 방송의 장르는 매우 다양하다. 그중 라이브 방송에는 이른바 여캠이란 장르가 있다. 여성 진행자가 시청자와 여러 주제로 격이 없이 소통하는 형식이다.

그런데 여성 진행자가 남자 시청자들의 관심을 끌어 더 많은 리액션(별풍선)을 유도하기 위하여 야한 복장, 거침없는 대화, 선정적인 행동을 보여주는 경우가 종종 있다. 시청자도 성적인 욕구를 자극하는 언사를 하거나, 자극적인 행위를 BJ에게 요구하기도 한다. 방송 진행자와 시청자 간에 생기는 선정적인 이슈들은 전체 인터넷방송에 대한 사회적 인식을 해치는 결과를 가져온다.

하지만 모든 방송이 그런 것은 아니다. 순수하게 여캠 BJ를 응원하고 후원하는 경우도 많다. 그러나 언론의 보도는 부정적이고 음성적인 사례에 집중하는 경향이 있다. 실제 사례보다 부풀려진 일부 언론의 보도로 인하여 BJ에 대한 부정적 인식이 형성된 측면이 있다고 성상훈 기자는 지적한다.

포털 검색창에 아프리카TV를 치면 나오는 연관 검색어만 봐도 BJ에 대한 부정적 인식을 단박에 알 수 있다.

'성상납, 방송사고, 별풍선, 스포츠, 별풍선 가격, 방송사고, 4대여신 BJ, 아프리카TV 성폭력, 아프리카TV 19'

연관 검색어를 보면 대중들이 아프리카TV를 바라보는 시선은 부정적이다. 왜일까? 이유는 하나 '내 아이들이 보면 안 될 것 같은 방송'이기 때문이다. 어느새 BJ는 폭력적이고 선정적인 이미지의 옷을 입고 있다.

2015년 10월, '마크로밀엠브레인' 트렌드 모니터팀이 19세~50세 성인 남녀 2천 명을 대상으로 설문 조사한 결과에 따르면 응답자의

80% 이상이 인터넷 개인방송을 지나치게 선정적이고 자극적이며, 전체 74%가 법적 규제가 필요하다고 답했다. 많은 사람들이 BJ에 대해 부정적이라고 성상훈 기자는 말한다.

크리에이터들은 대부분 아프리카TV 활동을 병행하고 있는데 BJ로 불리기보다는 크리에이터로 불리길 원하는 것도 이런 이유 때문이다. 그렇다면 유튜브는 건전하고 아프리카TV는 선정적이고 자극적인가라고 물음을 던진다면 이는 진지하게 고민해볼 필요가 있다.

실제로 별풍선 금액을 마련하기 위해 회삿돈을 횡령하고 자살까지 가는 어처구니 없는 뉴스의 한복판에 아프리카TV가 있던 적도 있다. 심야 도로에서 자동차로 광란의 질주를 벌이는 장면이 나오는가 하면 팝콘TV 등 또 다른 인터넷 개인방송 서비스에서는 미성년자와 성관계를 맺는 장면을 방송하며 충격을 주기도 했다.

이것은 누구나 제재없이 개인방송을 할 수 있는 프리존 Free zone을 지향하면서 생겨난 부작용이다. 그러나 이런 부작용 때문에 사람들의 표현의 욕구, 소통의 도구로서의 동영상 플랫폼 서비스를 법적으로 제한하는 것이 맞는가는 별개의 문제이다. 법으로 문제를 해결할 수 있다면 얼마나 좋겠는가. 사실상 사회적으로 이런 문제는 동영상 또는 개인방송이라는 온라인 플랫폼에만 한정된 문제는 아니라는 것을 누구나 알고 있다.

악플은 MCN의 걸림돌

2015년 11월, 신화의 멤버 김동완이 가수 윤종신과 뮤지가 진행하는 아프리카TV 생방송 '형만 믿어' 첫 방송에 출연했다. 이 프로그램은 미스틱엔터테인먼트와 아프리카TV가 만든 조인트벤처 '프릭'이 만든 합작 콘텐츠로, 한때 인기를 누렸지만 활동이 뜸한 뮤지션을 재조명하는 신개념 음악 토크쇼로 출발했다. 그러나 첫 방송에서 예기치 못한 상황이 벌어졌다. 전화 연결된 유명 BJ들은 김동완에게 모욕적인 언사를 해댔다. 거기다 실시간 채팅에는 시청자들의 막말과 욕설까지 등장했다.

김동완의 팬들은 제작진에게 거세게 항의하며 공개 사과를 요구했다. 결국 BJ와 악플러들은 사라지고 김동완의 소속사가 팬들에게 사과를 하는 해프닝이 벌어졌다. 콘텐츠 창작자의 놀이터를 만들겠다는 프릭의 취지가 무색해지는 순간이었다. '형만 믿어'는 시청자와 실시간 쌍방향 소통이 가져오는 채널의 특성을 충분히 고려치 않았고, 지속적으로 거론되어 온 저급한 BJ들의 성향과 자질, 시청자들의 익명성에 기인한 마구잡이식 악플 가능성을 대비하지 못한 결과이다.

이 사건은 악플의 부작용을 단적으로 말해주는 하나의 사례일 뿐이다. 아프리카TV는 인터넷 개인방송 문화의 발상지로 여겨지고 있지만 이곳에서 개인방송을 시작하는 것도 사실은 쉬운 일이 아니다. 시청자들이 대체로 나이가 어려 성숙도가 낮기 때문이다. 아프리카TV에 악플러가 많다는 것은 일반 상식에 가깝다.

혹자는 일탈을 꿈꾸는 1020세대들이 인터넷 개인방송의 자극적인 콘텐츠를 보며 대리만족을 느끼고 익명성을 이용해 거침없는 악플을 쏟아내며 스트레스를 해소하는 것이라고 분석하기도 한다.

인터넷 개인방송 콘셉트에서 기획한 MBC 예능 프로그램 '마이 리틀 텔레비전'도 다음TV팟에서 생방송 라이브로 진행이 되지만, 본방 프로그램은 사전녹화한 것을 방송한다. 생방송이 안 되는 단 하나의 이유는 악플 때문이다.

2015년, 대검찰청 통계 기준으로 지난 10년 간 악플 관련 소송은 4배 이상 증가했다. 모욕죄 고소사건 수는 2004년 2225건에서 2014년 2만 7945건으로 12배 넘게 늘었다. 지금은 얼마나 늘었을지 모를 일이다. 스마트폰 사용이 보편화하고 소셜미디어를 일상적으로 접하게 되면서 이전보다 더 많은 인구가 인터넷에 상시 접속하는 시대다.

이른바 모바일 네이티브로 불리는 10대 청소년들은 '나의 말이 상대에게 어떻게 받아들여질까?'에 대한 사고를 깊이 있게 하지 못한다. 그래서일까. 악플러 중에서는 유난히 10대들이 많다. 그리고 10대는 개인방송 시청자의 상당 부분을 차지한다.

한국인터넷진흥원의 2013년 자료에 따르면 10대(12~19세) 인터넷 이용자 가운데 악플 작성 경험자는 48%에 달한다. 20대는 29%였고, 30대는 17.4%에 불과하다. 40대는 14.8%, 50대는 11.7% 수준이다.

악플러들은 악플을 범죄라고 인식하지 않는다. 악플 이후에도 후회한다는 답변보다 속이 후련하다는 반응이 더 많다. 그리고 악플을 다는 이유는 단순히 재미있어서, 호기심 때문에, 기분이 나빠져서 하는 경우가 대부분을 차지한다.

많은 사회심리학 전문가들은 악플러의 심리를 억제되지 못한 욕구가 온라인 익명을 만나 표출되는 것으로 분석한다. 악플이 끊이지 않는 이유 중에는 법적 처벌 수위가 낮은 것도 원인이란 지적이다.

아프리카TV도 청소년들의 보호를 위해 채팅 필터링 기능을 도입하는 등 자체적인 노력을 기울이고 있지만 근본적인 해결책은 못된다.

한국에서 활동하는 인기 크리에이터들은 악플러들에게 일일이 대응하지 않는다. 오히려 마음을 내려놓고 '흘려버린다'는 표현이 어울릴 정도로 신경을 쓰지 않는 편이다. 어찌 보면 세상을 달관한 태도로 무대응하는 것이 인기 BJ들의 노하우인지도 모르겠다.

크리에이터로 나선 전직 프로게이머 박태민도 악플러들에게 상처받기 시작하면 끝이 없으니 차라리 같이 놀아주는 게 낫다고 조언하기도 한다. 하지만 이를 실행에 옮기기는 결코 쉽지 않다. 악플은 MCN 비즈니스 성장의 큰 걸림돌이다.

별풍선을 넘어라

별풍선은 방송 진행자에게 구독자가 전하는 리워드로 일종의 가상 화폐이다. 아프리카TV를 정착시키고 인터넷 방송의 비즈니스 가능성을 연 수익 모델이다. 자극적인 콘텐츠나 방송을 하는 이유는 결국 많은 시청자를 끌어모음으로써 별풍선을 더 많이 받아 더 큰 수익을 노리는 것이다. 플랫폼을 운영하는 주체가 어느 정도 자정 노력을 해야 하는 것은 당연하지만 운영 주체가 100% 막을 수는 없다.

부작용만 이야기했지만 순기능도 존재한다. 쿡방, 먹방으로 대표되는 음식 관련 콘텐츠의 발상지가 아프리카TV라는 것은 아는 사람은 다 안다. 물론 쿡방, 먹방 자체가 의미 있고 가치 있는 것이냐는 다른 문제이긴 하다. 이밖에 e스포츠의 영역이라 할 수 있는 게임 BJ들의 방송도 많은 이들에게 즐거움을 선사했다.

영어교육분야 랭킹 1위인 여성 BJ 디바제시카는 매 방송마다 3~5천여 명을 끌어모으는 크리에이터다. 미모와 섹시한 의상도 인기에 한몫을 하지만 무엇보다 인기의 비결은 재미있으면서 유익한 교육 콘텐츠를 지향한다는 점이다.

최근에는 BJ로 이름을 알린 이들이 어느새 라이브 플랫폼을 벗어나 다채널을 지향하기 시작했다. 대도서관, 씬님, 양띵, 악어 등은 아프리카TV를 넘어 유튜브까지 영역을 확장해 왔다. 그 기반에서 해외 진출을 도모하고 있다. 해외의 유명 크리에이터들이 자국에만 국한하지 않고 월드와이드를 지향하는 것과 궤를 같이한다 할 수 있다. 이는 시사하는 바가 크다.

별풍선 중심으로 많은 인기를 얻었던 크리에이터들이 음성적이고 부정적인 인식을 불식하고 당당한 직업인으로서 자리매김하기 위해서는 양질의 콘텐츠로 경쟁력을 가져야 한다. 그리고 국내 시장뿐 아니라 해외까지 영향력을 확장해야 한다.

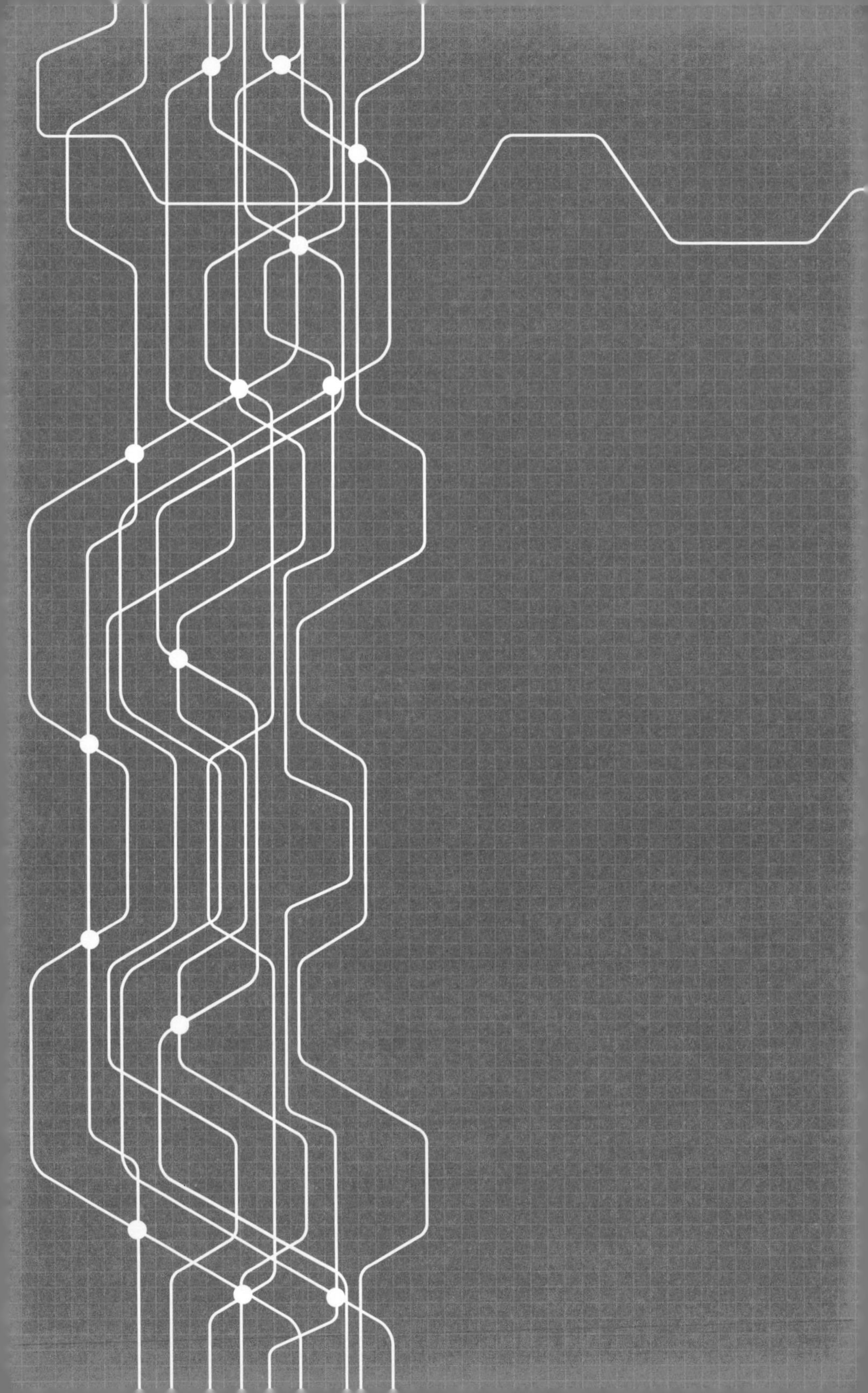

CHAPTER 03

MCN 콘텐츠, 시장의 경계를 허문다

MCN 콘텐츠,
시장 트렌드가 장르가 된다

크리에이터 킬 더 TV스타

2016년 4월, N스크린과 OTT비즈니스 분야에서 손에 꼽는 국내 전문가인 김조한 SK브로드밴드 매니저를 만났다. 그는 아마존, 넷플릭스, XBOX, ROKU, PS4, 크롬캐스트 등 넥스트 미디어에 관한 최신 해외 소식과 인사이트를 담아 연재하는 유명 블로거이기도 하다.

김조한 매니저와 나눈 이야기의 주제는 '뉴미디어가 전통 미디어의 자리를 위협하는가?'

김조한 매니저는 단적으로 이렇게 말한다.

"뉴미디어는 전통 미디어의 대항마로 등장한 게 아니예요. 뉴미디어는 전통 미디어의 촉매제입니다. 신기술이 발달하면서 모바일 세대들은 새로운 환경에 맞는 콘텐츠의 소비 행태를 보이고 있어요. 뉴미디어는 자연스럽게 그런 시류에 편승한 겁니다. 결국 뉴미디어는 여러 콘텐츠 형태 중 하나라는 얘기입니다."

그의 말에 따르면 지금 미국의 방송은 쇼오락 프로그램이나 토크쇼의 경우 대개 20분 내외, 드라마로 분류되는 프로그램은 40분짜리로 편성한다고 한다. 그리고 모바일 기기에서는 10분 내외의 짧은 비디오가 각광 받기 시작했다고 한다.

김조한 매니저는, 전통 미디어는 러닝타임이 길고 고품질의 콘텐츠를 제작하는 시스템으로 최적화되었는데, 모바일 시대에 맞는 콘텐츠 소비 트렌드에 맞춰 시스템을 일시에 변화시키려는 시도를 한다면 위험하다고 조언한다.

실제로 전통 미디어 기업들은 짧은 동영상 제작 노하우를 가진 유튜버들의 존재를 인식하고 있고, 직접 제작자가 되기보다는 기존 MCN 기업에 투자하거나, 콘텐츠를 공급받는 방식으로 자금을 투여하고 있다. 이미 많은 구독자를 거느리고 있는 톱 크리에이터들의 콘텐츠가 비용도 적게 들면서 비용 대비 효과가 크다는 것이 어느 정도 검증되어 있다는 것을 그들 내부에서도 인식하고 있다. 즉 MCN 콘텐츠의 가성비가 높다는 것이다. 그리고 자신들의 콘텐츠는 만드는 데 돈이 많이 들어간다는 사실도 알고 있다.

유튜브 톱 크리에이터 스모쉬가 참여한 '스모쉬: 더 무비' 영화 제작이 좋은 사례다. 톱 크리에이터의 몸값은 이미 꽤 높은 수준에 도달했지만 여전히 할리우드 스타들에 비하면 낮은 편이다. 그렇지만 그들은 두터운 팬층을 확보하고 있어 이들을 활용했을 때 효과는 할

리우드 스타들의 효과에 필적한다. 영화 제작사 입장에서도 제작비 리스크를 줄이고, 흥행에 대한 복안도 가져갈 수 있으니 유튜브 크리에이터를 활용하는 방향으로 주판을 두드린 결과다.

오리지널 콘텐츠로 이 시장에 본격 참여한 대표 MCN은 풀스크린이다. 2016년 4월 26일, 월 4.99달러에 800시간 분량의 콘텐츠를 볼 수 있는 정액제 구독 서비스를 전 세계 동시 오픈했다. 메인 시청 타깃은 13~30세의 젊은 세대이다. 모바일 기기뿐 아니라 웹 브라우저에서도 시청이 가능하다. 풀스크린의 창업자 조지 스트롬폴리스는 이 서비스에 대하여 "시청자에게 한 단계 더 다가가는 과정이며, 변화의 중요한 기로에 서 있다."고 밝혔다.

풀스크린의 콘텐츠 유료화는 생소하거나 혁신적인 시도는 아니다. 이미 앞서 유튜브, 훌루가 정액제 서비스를 선보였고, 전통 미디어사 중에는 CBS와 HBO가 온라인 유료 서비스를 시작했다. 그러나 MCN 기업이 오리지널 콘텐츠를 유료화했다는 것은 실험적 시도이기도 하지만 궁극적으로 TV스타들이 차지해 왔던 시장에 도전장을 낸 것이라 할 수 있다. 팝송 중에 '비디오 킬 더 라디오 스타'라는 유명한 곡이 있다. '크리에이터 킬 더 TV 스타'라 감히 이야기할 수 있을 정도로 크리에이터의 위상이 커졌음을 간과해서는 안 된다.

MCN, 대박 터지는 콘텐츠 공식

MCN의 장점은 기민하게 움직여서 짧은 동영상에 기승전결을 빠르게 담아내고 장르나 형식의 제한이 없다는 것이다. 지상파 방송에서 시청률이 저조하여 프로그램을 조기종영하는 것은 여러모로 부담이 크기 마련이다.

그러나 MCN 콘텐츠는 이 부분에 있어 상대적으로 자유롭다. 크리에이터는 다양한 파일럿 프로그램을 만들어 선보이고 그중 인기 있는 콘셉트를 시리즈로 만들 수 있다. 인기를 얻지 못했다면 그냥 단발성으로 끝내버리면 그만이다. 끊임없이 이것저것 실험해 볼 수 있다. 다양한 시도를 통하여 얻은 데이터에 기반하여 MCN 기업들은 발 빠르게 콘텐츠를 기획하고 만들어낸다. 이 역시도 대박이 터지면 좋고 아니면 접으면 그만이다. 이런 시행착오를 통하여 MCN 기업들은 대박 터지는 콘텐츠에 대한 나름의 공식들을 터득해 나간다.

음악 채널의 예를 든다면, 어떤 의상을 입고, 어떤 가수의 노래를 커버해야 조회수가 많이 나오는지 데이터를 뽑아낼 수 있다. 콘텐츠 제작에 데이터를 활용한다는 것은 이런 의미이다. 필자가 몸담았던 회사의 대박 터지는 콘텐츠 제작의 노하우 중심에는 데이터가 있었다. 데이터에 기반하여 크리에이티브를 가미한 영상은 어렵지 않게 수백만 건의 조회를 이끌어냈다.

2016년 한국인은 어떤 푸드 영상을 보았는가? 6월 기준

1위, 무지개 하트 쿠키 제조 by 유진키친

조회수 899만 회. 디저트 레시피, 요리 관련 크리에이터. 구독자는 93만 명, 누적 조회수 6490만 건.

2위, 치맥에 대한 영국인 반응 by 영국남자

조회수 724만 회. 본명 조시 캐럿의 영국인으로 한국 관련 동영상 제작. 구독자 131만 명, 누적 조회수 1억 7400만 건.

3위, 김이브는 프라닭을 먹는다 by 김이브

조회수 353만 회. 마성의 토크방송으로 인기를 얻은 여성 크리에이터. 구독자 92만 명, 누적 조회수 3억 4400만 건.

4위, 해리포터 젤리빈 먹고 살아남기 by 허팝

조회수 353만 회. 엽기 실험 영상으로 인기. 구독자 87만 명, 누적 조회수 4억 9천만 건.

5위, 자장면 10그릇 도전 먹방 by 밴쯔

조회수 325만 회. 주로 먹방 영상으로 인기. 구독자 84만 명, 누적 조회수 3억 1천만 건.

6위, 2단 케이크 만들기 by 꿀키

조회수 431만 회. 간단 레시피 등 요리 채널 운영. 구독자 50만 명, 누적 조회수 5600만 건.

7위, 지바냥 케이크 만들기 by 스윗더미

조회수 272만 회. 요리 채널 운영. 구독자 47만 9천 명, 누적 조회수 4100만 건.

8위, 초대형 왕꿈틀이 먹방 by 릴마블

조회수 194만 회. 릴마블은 2014년 1월 채널 개설 이후 구독자 71만 명, 누적 조회수 2억 4천만 건.

9위, 엽기떡볶이 먹방 by 왕쥬

조회수 184만 회. 주로 먹방을 선보임. 구독자 32만 명, 누적 조회 1억 1천만 건.

10위, 삼둥이 순대국밥 먹방 by KBS

조회수 147만 회. KBS 프로그램 '슈퍼맨이 돌아왔다' 배우 송일국의 세 쌍둥이 아들의 방송 내용.

다양한 시도를 통해 인기 있는 카테고리로 떠오른 분야가 패션, 뷰티, 게임, 먹방, 키즈, 음악 등이다. 2015년 한 해 국내에서 가장 인기 있었던 유튜브 동영상은 K-POP, 요리, 키즈 분야로 다시 압축할 수 있다.

그리고 한국 내 유튜브 채널 톱20 중에서 16개의 채널은 국내 구독자보다 해외 구독자가 차지하는 비중이 70%라고 한다. MCN 기업 입장에서 보면 비즈니스적인 시사점이 크다. 해외로 진출을 적극 모색해야 한다는 결론에 이르기 때문이다. 콘텐츠 시장을 국내로 한정 지을 필요가 없다는 얘기다. 어떻게 만드느냐에 따라 해외 구독자도 소비자로 끌어들일 수 있다는 논리다. 특히 음식에 관한 콘텐츠는 지역의 구분 없이 소구되는 아이템이다. 먹는 문화는 언어를 초월한 제2의 언어라는 점에서 글로벌 시청자들과도 공감대를 형성하고 있는 것으로 풀이된다.

최근 한국 콘텐츠 산업에 거세게 불고 있는 웹툰의 영향력을 반영하 듯 웹툰 장르의 MCN 콘텐츠 등장도 초읽기에 들어갔다. 지상파 DMB 방송사 QBS가 웹툰 라이선스 기업 '드림커뮤니케이션'과 손잡고 MCN 방송사업 활성화를 위한 전략적 제휴를 체결했다. 웹툰 콘텐츠에 더빙이나 패러디, 미션토크 등을 입힌 콘텐츠가 나올 것으로 전망된다. 저작권 문제로 더빙 콘텐츠 제작에 한계에 봉착했던 유준호와 같은 더빙 전문 크리에이터에게는 새로운 기회가 될 전망이다.

웹툰 분야에서 볼 수 있듯이, 다양한 분야의 시장 트렌드에 매우 발빠르게 적응하는 MCN의 모습을 보면, 새로운 장르의 MCN콘텐츠는 끊임없이 등장할 것으로 예상된다.

돈 되는 콘텐츠, 키즈 언박싱

요즘 식당에서 어린 자녀를 동반하고 외식하는 가족의 모습을 보면 유행과도 같은 공통점이 눈에 띈다. 예전 같으면 아이들이 식당 이곳저곳을 뛰어다니면 소란을 피울 터인데 조용하다. 아이들이 유튜브 시청을 하는 경우가 많다. 핑크퐁, 콩순이, 시크릿쥬쥬, 타요, 터닝메카드, 뽀로로 등 3세에서 7세 사이의 아이들의 관심은 온통 영상 속에 나오는 주인공이다.

그런데 이들 주인공의 인기에 필적하는 크리에이터가 있다. 한국인으로는 캐리, 외국인으로는 에반이다. 캐리와 에반의 유튜브 동영상에는 만화적 판타지는 없다. 단지 콩순이 장난감을 가지고 놀거나, 터닝메카드의 카드로 역할극을 할 뿐이다.

이러한 영상 콘텐츠를 언박싱 Unboxing 또는 언패키징Unpackaging이라 부른다. 포장을 풀고 상자를 열어 내용물을 보여주는 데서 연유한 용어다. 언박서 Unboxer라 불리는 키즈 관련 크리에이터들은 언박싱 형식의 방송을 통해 전성기를 맞고 있다.

'서프라이즈 에그 언박싱'이라는 방송은 크리에이터가 은박지로 씌

워진 달걀 모양의 킨더 초콜릿 안에 어떤 미니 장난감이 있는지 꺼내 보여주는 방송이다. 어른들이 보기에는 지루할 수 있는 반복적인 영상인데도, 유튜브 채널 구독자수는 300만 명이 넘고 누적 재생수는 29억 회에 이른다.

반복적으로 달걀을 오픈하는 게 지겨울 법도 한데 아이들은 매번 "이 안에 무엇이 들어 있을까?"라고 질문하는 크리에이터의 목소리에 귀 기울이며 끝까지 시청한다. 영상의 러닝타임은 10분이 넘는다. 그리고 하나의 영상이 끝나면 이어서 추천하는 영상을 클릭해 또 다른 서프라이즈 에그 영상을 시청한다. 어른들 눈에는 반복적이고 지루한 내용이지만 아이들의 눈에는 달걀을 열 때마다 어떤 장난감이 나오는지 집중한다.

대표적인 키즈 채널

유튜브 키즈 동영상 채널 '캐리와 장난감 친구들'의 진행자 캐리는 캐통령으로 불린다. 이 채널의 구독자는 85만 명에 달하고 누적 재생수는 9억 회 정도이다. 이 채널을 운영하는 캐리소프트는 2015년 말, NHN엔터테인먼트와 DSC인베스트먼트로부터 20억 원의 투자를 유치했다.

대표적인 해외의 언박싱 채널

펀 토이즈 콜렉터
구독자 727만 명
누적 재생 108억 회

서프라이즈 에그
언박싱 토이
구독자 300만 명
누적 재생 29억 회

에반튜브
구독자 291만 명
누적 재생 21억 회

라이언 토이즈 리뷰
구독자 287만 명
누적 재생 46억 회

패밀리 펀 팩
구독자 254만 명
누적 재생 51억 회

'캐리와 장난감 친구들'은 2014년 시작되었는데, 캐리가 각종 장난감으로 시장, 병원, 마을, 소방서, 도로 등에서 펼쳐지는 상황을 교육적으로 풀어내면서 인기를 끌기 시작했다. 입소문을 타면서 이솝우화 등의 동화책을 읽어주는 '캐리 앤 북스'와 아이들의 놀이 문화를 영상화한 '캐리 앤 플레이' 코너를 추가 제작하면서 인기몰이를 멈추지 않고 있다. 동영상 1일 조회수가 3백만 회에 달하며 월간 재생수 1억 회를 상회한다고 한다.

'캐리와 장난감 친구들'은 유명세를 기반으로 전통 미디어까지 영역을 확장하고 있다. 2016년 4월, '패밀리쇼! 캐리와 장난감 친구들'이라는 가족 뮤지컬을 공연한데 이어, SK브로드밴드가 운영하는 BTV는 '캐리 앤 프렌즈'를 단독 론칭했고 '캐리와 장난감 친구들'과 '캐리 앤 북스' 프로그램을 편성했다. 급기야 2016년 5월, 캐리는 KBS의 TV유치원 진행자로 발탁됐다. '캐리와 냠냠 밥상'이라는 코너는 기존의 장난감 언박싱을 제작했던 유튜브 영상에서 분야를 달리해 식재료의 유통과정을 보여주는 방송이다.

토이푸딩TV는 180만 명에 달하는 구독자와 누적 재생수 26억 회에 이르는 언박싱 키즈 채널이다. '캐리와 장난감 친구들'의 거센 도전으로 정상을 위협받고 있지만 대표 키즈 채널임에 분명하다. 이 채널은 트래픽의 70%가 해외에서 발생하여, 국내보다 해외에서 인기가 높다. 대사없이 장난감에서 나오는 소리만으로 구성되어 있어 언어 장벽이 없기 때문이다.

디즈니 토이즈는 구독자가 100만 명 정도이며, 누적 동영상 재생수는 12억 회에 이른다. 동영상 시청자의 90%는 해외 시청자다. 디즈니 토이즈가 제작한 '꼬마버스 타요 미니 친구들 자동차 장난감'은 2015년 유튜브 키즈 채널 인기 영상 TOP 10중 1위를 차지하기도 했다. 미니 타요버스 장난감을 상자에서 꺼내 주유하고 세차하고 도로를 주행하며 노는 장면을 찍은 11분 남짓한 동영상이다. 1억 4천만 회 이상 재생된 이 영상의 댓글에는 영어, 아랍어, 중국어 등으로 '이 장난감을 어디에서 구입할 수 있느냐'는 질문이 달려 있다.

한편 변신로봇 또봇, 콩순이로 유명한 완구전문기업 영실업도 2015년 4월, 기업 브랜드 채널로 언박싱 형태의 동영상 채널을 개설했다. MCN콘텐츠가 본격적으로 기업 마케팅에 중요한 수단으로 자리잡고 있음을 단적으로 보여준다 하겠다.

이상의 사례에서 보듯이 키즈는 MCN 분야에서도 손에 꼽히는 수익 모델의 전형으로 인식되고 있다. 그러나 키즈 분야의 경우 절대적으로 1위를 유지하는 키즈 크리에이터는 없는 것으로 보인다. 아이들이 성장하면서 선호하는 프로그램이 금방 변하기 때문이다. 따라서 키즈 분야는 새로운 크리에이터들이 지속적으로 등장하며 시장은 점점 더 커질 것으로 예상된다.

MCN, 뉴스 콘텐츠는 가능할까?

뉴스 소비가 바뀌었다

뉴욕타임스는 월스트리트저널, USA투데이에 이어 미국에서 세번째로 큰 언론사다. 직원수만 해도 1230명에 이른다. 이런 미디어 기업이 최근 식재료 배달 사업에 뛰어들었다는 흥미로운 소식이 전해졌다. 자신들의 신문 보급소 인프라를 활용하여 수익을 다변화하겠다는 생각이다.

뉴욕타임스는 디지털 퍼스트 전략을 외치며 전통 미디어 기업으로서는 선두에 서서 변화와 혁신을 주도해 왔다. 그런 그들이 왜 배달 사업을 선택한 걸까?

결국 원인은 매출이다. 뉴욕타임스의 2016년 1분기 신문광고 매출은 9% 감소, 전체 매출도 전년 대비 6.8% 줄었다. 문제는 매출하락이 일시 현상이 아니라는 점이다. 신문사의 수익 기반은 광고다. 구독료도 어느 정도 차지하지만 광고를 능가하지는 못한다. 광고는 기업으로부터 나온다. 기업은 마케팅의 한 방편으로 많은 사람들이 찾는 매체에 제품이든 브랜드든 광고를 집행해 왔다. 신문은 오랫동안 정권을 견제하고 여론을 형성하는 제4부로서 강력한 정치적인 영향력을 견지해왔다. 많은 사람들에게 뉴스와 정보, 지식을 전달함으로써 강력한 매체력을 갖게 되었으며 자연스레 광고의 효과도 탁월했다.

그러나 신문을 대체하거나 경쟁하는 다양한 매체들이 하나 둘 등장하면서 매체력은 계속 떨어지고 있다. 그 중심에 인터넷이 있음은 주지의 사실이다. 급기야 모바일 시대가 도래하면서 신문 이탈은 더욱 가속화했다. 아침식사를 하면서 옆에 신문을 펼쳐놨던 드라마 속 아버지의 모습은 여간해서 찾아보기 힘들다. 언제 어디서든 필요할 때 스마트폰을 열고 뉴스의 헤드라인만 빠르게 체크하거나, 이동 간에 짬을 내서 뉴스를 읽는 모습이 낯익다.

요즘 사람들의 뉴스 소비 행태는 정독하며 읽기보다는 대화와 트렌드에 뒤쳐지지 않게 다량의 정보를 빠르게 습득하는 경우가 대부분이다. 스낵컬쳐 시대에는 뉴스도 먹고 버리는 일회성 정보가 됐다. 그만큼 많은 양의 뉴스가 쏟아지기 때문이기도 하다.

하루에 2~4만 개의 기사가 전송된다. 이런 환경에서 언론사들은 살아남기 위해 다양한 시도를 이어가고 있다. 모바일 소비에 최적화한 카드뉴스, 인포그래픽, 클립 영상 등 다양한 포맷의 뉴스가 등장했다. 또한 이런 뉴스 콘텐츠의 유통이 포털에서 소셜미디어로 급격하게 옮겨가는 추세다.

2015년에 미국 시장조사기업 '퓨 리서치 센터'에서 주목할 만한 설문 조사 결과를 내놨다. 밀레니얼세대의 61%는 페이스북을 통해 정치와 공공분야 뉴스를 접한다는 내용이다. 미국의 밀레니얼세대가 실시간 뉴스채널인 CNN과 지역 TV 방송을 통해 뉴스를 보는 비중은 각각 44%, 37%에 그쳤다. 반대로 베이비부머 세대의 60% 이상은 지역 TV 방송을 통해 뉴스를 접하고 있었다.

현재의 19세 미만인 Z세대들이 성장하여 주요 소비층으로 부상하게 되면 이런 현상은 더욱 심화할 것으로 보인다. 그만큼 소셜미디어의 파급력은 날이 갈수록 커지고 있다.

이런 가운데 2016년 초, 페이스북은 '모바일 라이브' 기능을 추가하면서 자신의 뉴스 파급력에 한층 더 힘을 실었다. 전통 언론사들조차 페이스북 라이브를 통해 뉴스 콘텐츠를 제공하고 있는 실정이다.

언론사의 뉴미디어 사업?

필자가 MCN 콘텐츠 기업의 홍보담당 임원을 맡으면서 많은 언론사 기자들과 활발한 소통을 하던 시절이 있었다. 기자들이 이런 질문을 자주 했다.

"뉴스로 MCN을 하고 싶은데 어떻게 하면 될까요?"

게임, 푸드, 키즈, 패션, 뷰티 등 다양한 장르의 콘텐츠가 쏟아지기 시작했는데, 뉴스 콘텐츠를 다루는 크리에이터나 MCN 기업은 전무한 현실에서 이런 질문을 하지 않는다면 눈밝은 기자가 아닐 것이다.

뉴스 MCN을 하게 된다면 누구보다 언론사가 최적임을 의심하는 사람은 없을 것이다. 그들은 뉴스 비즈니스에 최적화한 조직, 인력, 시스템을 갖추고 있다. 그럼에도 불구하고 그들이 MCN 업계에 뛰어들 수 없는 것은 아이러니하게도 그들이 갖춘 조직, 인력, 시스템 때문이라는 것이 필자의 의견이다.

한 번은 모 기자로부터 이런 질문을 받았다.

"각 언론사에서 뉴미디어 관련 사업을 진행하고 있으나, 큰 성과가 없다. 이유가 뭐라고 보는가?"

오히려 되묻고 싶다. 과연 언론사가 뉴미디어 사업을 한다고 하는데, 언론사에서는 뉴미디어를 어떻게 정의하고 사업을 펼치고 있는지 말이다.

단순히 1시간 분량의 뉴스를 5분으로 줄여서 제작했다고 해서 뉴미디어라고 할 수 있는가? 뉴미디어적 정의는 여러 가지가 있다. 내용과 포맷이라는 소프트웨어적인 측면도 중요하고, 어떤 방식을 통하여 콘텐츠가 유통되고 소비되는가도 중요하다. 그런데 기존의 언론사들이 뉴미디어라는 형식을 짧은 포맷, 소셜미디어나 포털에 유통하는 형식으로만 한정하는 것은 아닌가 반문하고 싶다. 전통 미디어의 틀을 깨지 않고 뉴미디어 흉내만 내서는 뉴미디어라 할 수 없다.

Z세대는 뉴스에 별 관심이 없다. 나이가 들고 사회적 지위와 책임이 늘면 어느 정도 뉴스를 소비할 것이다. 그러나 오래 전부터 사회 전반적으로 뉴스의 소비가 점차 줄어들고 있는 것은 팩트다. 정치적 무관심이 가속화하는 경향도 있겠지만 콘텐츠의 소비 형식의 변화가 반영된 결과다.

뉴스도 재미있어야 소비되는 세상이다. 재미있는 것을 싫어할 사람은 없다. 뉴미디어에 적합한 뉴스 콘텐츠가 되려면 기존의 옷을 벗고 새로운 무기를 장착해야 한다.

얼마 전 모 방송사에서 페이스북 라이브를 통해 경복궁 야간개장 현장을 리포팅하는 모습을 봤다. 언론사가 자체 채널이 아닌 페이스북을 통해 생방송을 어떻게 진행하는지 신기해 하며 영상을 열었는데, 1분도 안 돼서 꺼버렸다.

페이스북 라이브의 특성상 모바일 생방송일 터인데, 모바일에 어울리는 현장감과 신속함은 없고 기존의 방송 뉴스의 포맷과 다를 바가 없었다. 다른 것이 있다면 자기 채널이 아니라 페이스북을 통해 중계되었다는 것 딱 하나다. 이런 방식은 결코 뉴미디어라고 할 수 없다.

만약 여성 리포터가 가상이든 리얼이든 사내 커플 기자나 아나운서와 함께 등장해 실제로 데이트를 하며 경복궁을 둘러보는 연출을 했다면 어땠을까? 경복궁을 구석구석 살펴보며 모바일로 라이브를 진행하는 현장 뉴스를 기대하는 게 가당치 않은 것일까?

전통적인 공중파 방송사가 자기 틀을 깨고, 유튜브 크리에이터처럼 시도하는 과감성을 실행하기엔 장벽이 많다는 것을 안다. 수십 년 간 쌓인 안정적이고 고착화한 조직문화를 뒤집기 전에는 어려운 일이다.

그들도 잘 알고 있을 것이다. 그래서 언론사들도 새로운 세상에 맞는 다양한 시도를 하려고 고군분투하고 있다. 결국 시행착오를 많이 겪은 언론사가 뉴미디어에 가장 잘 적응하게 될 가능성이 크다.

언론사, 변화의 소용돌이 속으로

언론사들의 위기감은 비단 국내만의 현상은 아니다. 지금의 급속한 매체 환경의 변화는 전 세계적인 공습에 가깝다. 깊이 있는 뉴스로 구독자들에게 사랑 받았던 IT전문 뉴스 사이트인 '기가옴' Gigaom 이 2015년 3월 파산했다. 기자가 중심이 되어 1986년에 종이신문으로 창간한 '인디펜던트'는 2016년, 신문을 찍어내는 윤전기를 멈췄다. 영국 공영방송인 BBC는 청소년들을 타깃으로 하는 BBC3의 TV 방송을 전면 중단하고 100% 온라인 방송을 한다고 선언했다. 2005

년 태어난 IT 전문매체 '매셔블'은 웹 2.0시대에 조류를 타면서 무리한 확장을 했다가 최근 테크놀로지, 소셜미디어, 과학 영역에만 집중하기로 하고 기존의 국제, 정치 뉴스는 과감히 정리했다.

신생 언론사 중에 '써카' Circa라는 업체도 있었다. 혁신적인 방법으로 '써카 에디터'들이 뉴스를 짧게 편집하고 특정 주제에 팔로우한 사람들에게 해당 뉴스를 제공하는 형태의 애플리케이션이었다. 50억 원의 투자도 유치했지만 서카의 도전은 오래가지 못했다. 등장한 지 2년 8개월만의 일이다. 사실상 파산이나 다름없었다. 물론 지금은 다시 기사회생했다. 신생 언론사가 아이디어만으로 진입하기엔 녹록하지 않은 시장이다.

반면 소셜미디어 기업들은 어떤가? 소셜미디어의 공룡이 된 페이스북을 보자. 하버드대학 내의 학생 커뮤니티 사이트로 시작하여 지금은 전 세계인들을 끌어들였다. 그 생태계 안에서 사람들이 모든 걸 다 보고, 듣고, 즐기고, 맛볼 수 있도록 시스템을 계속 진화시키고 있다.

소셜미디어로서 페이스북은 광고 플랫폼으로 변화하더니 어느새 거대 매체가 되고 있다. 인스티클 서비스와 페이스북 라이브는 뉴스의 트렌드를 반영하거나 혹은 트렌드를 이끌어낸 성공적인 서비스다. 2016년 초, 페이스북은 전 언론사에게 '인스턴트 아티클' 프로그램을 오픈했다. 사용자 입장에서는 언론사에서 제공하는 뉴스를 클릭하면 해당 언론사의 홈페이지로 이동하지 않고, 페이스북 내에서 뉴스가 펼쳐진다. 한마디로 다른 페이지로 이동하지 않고 페이스북 안에서 모든 걸 즐길 수 있다는 것이다. 그러나 언론사 입장에서는 홈페이지 방문율이 더 떨어질 테니, 광고 수입에 직격탄을 맞게 된다.

이뿐만이 아니다. IT기업들이 기존의 언론사를 인수하거나, 자기들이 직접 언론 서비스를 하면서 미디어 기업이 되어 가기도 한다. 중국의 알리바바는 홍콩의 유력 일간지인 '사우스 차이나 모닝포스트'를 인수했고, 아마존은 워싱턴포스트를 인수했다. 특히 아마존은 '클래비스'라는 알고리즘 프로그램을 워싱턴포스트에 도입했는데, 이는 아마존이 어느 기업보다 잘할 수 있는 책 추천 서비스 알고리즘 프로그램이기도 하다. 그 영향이었을까. 워싱턴포스트의 웹사이트 방문자가 70%나 증가했다.

애플도 독자 큐레이션 알고리즘을 사용, 개인별 맞춤 뉴스를 제공하는 시장에 뛰어들었다.

브랜딩에 많은 돈을 쏟아 붓는 한국의 기업들은 스스로 미디어 채널을 개설하고 운영하기도 한다. 신제품 론칭 홍보나 브랜딩 콘텐츠를 알리는 데 언론사에 의존했던 관행에서 벗어나 직접 기업 블로그나 채널을 운영한다. 때론 그들의 채널에 올린 콘텐츠가 뉴스가 되어 언론사에 역제공되고 취재거리가 되기도 한다.

최근 뚜렷한 트렌드 중 하나가 소셜미디어에서 영향력을 행사하는 개인들 이른바 인플루언서의 활동 영역이 확장되는 것이다. 1인 미디어 시장이 열렸기 때문이다. 거대 미디어가 속도감 있게 할 수 없는 부분이라든지, 너무 미시적이어서 다루기 곤란한 것들을 인플루언서가 뉴스화하여 발빠르게 콘텐츠로 제공하는 경우도 있다.

한마디로 뉴스 콘텐츠 시장은 기존의 언론사, 신생 언론사, 콘텐츠 제작업체, IT기업 및 인플루언서까지 뛰어들면서 치열한 양상이다. 가혹한 시장환경을 이기려는 미디어사들의 경쟁은 그야말로 점입가경이다. 대표적으로 뉴욕타임스, 버즈피드, 쿼츠 이 세 기업이 뉴미디어 시대에 어떤 행보들을 보이는지 살펴보려 한다. 많은 미디어사들이 있지만 정통 언론사, 콘텐츠 전문기업으로서 매체화를 추구하는 기업, 신생 언론사의 대표격으로 세 기업을 뽑아보았다.

뉴욕타임스, 식재료 배달업에 뛰어들다

미국 3대 언론사 중 하나인 뉴욕타임스는 창립 160여 년만에 가장 곤혹스런 시대를 맞이하였다. 오랫동안 종이신문 경쟁자들과 치열한 열독률 싸움을 해 왔지만 지금 그의 상대는 종이신문사가 아니다. 디지털화한 모든 매체가 그의 경쟁자라 해도 과언이 아니다.

뉴욕타임스의 디지털시대 생존 전략이 담긴 몇 가지 사례를 살펴본다.

그들은 인쇄 매체지만, 영상 시대에 발맞춰 비디오 허브를 2014년에 출범했다. 정치, 사이언스, 푸드, 월드 등 12개의 카테고리로 분류하여 각 영상물을 3분 내외로 짧게 편성하여 영상 뉴스로 제공한다. 비교적 영상물 제작에 공을 많이 들이는 편인데, 이 뉴스 사이트는 무료다. 수익은 프리롤, 협찬광고를 통해 얻는다.

두 번째로 먹거리에 관한 콘텐츠 강화다. 소위 먹방이나 요리 프로그램이 인기를 얻는 세계적인 추세에 부응하여 신문지면에 푸드섹션을 강화하고, 17000여 개의 요리 레시피를 담은 'NYP쿠킹 앱'을 론칭했다. 가장 인기 있는 디저트 모음, 이번 주에는 어떤 요리를, 멜리사 클락의 레시피 박스 등의 코너는 꽤나 인기를 모으고 있다. 2016년 현재, 앱 사용자는 1천만 명을 넘어섰다.

여기서 주목할 것은 이 쿠킹앱과 미국 최대 온라인 음식배달 서비스인 셰프드 Chef'd를 연계하여 식재료 배달 사업까지 확장했다는 점이다. 'NYT 쿠킹앱'에서 요리를 선택한 후 주문하면 해당 요리의 레시피와 식재료를 배달하는 서비스다. 다양한 경로로 구축해 놓은 배송망을 이용해 24~48시간 안에 식재료가 배달된다. 미국 전역을 대상으로 하는데 배송 속도도 꽤 빠르다.

거두절미하고, 신문사의 음식배달업 진출은 전혀 궁합이 맞지 않는다. 그러나 비즈니스의 경계가 허물어지고, 이종산업 간 협업을 통해 시너지를 추구하는 시대가 아닌가. 뉴욕타임스의 시도는 치열한 시장에서 살아남으려는 움직임이자 시대의 트렌드에 발맞춰 끊임없는 변신을 추구하는 사례라 하겠다.

버즈피드, 백악관까지 접수

세계 정치의 헤게모니를 좌지우지하는 곳 중에 하나가 백악관이다. 이곳 기자실에 정식 출입자가 된다는 것은 상당한 영향력을 가진 언론사임을 방증한다. 2015년 초, 버즈피드가 그 49석 중 하나를 차지했다. 놀라운 것은 버즈피드가 언론사가 아니라 콘텐츠 제작기업이란 점이다. 백악관이 기자실에 콘텐츠 기업을 들인 것은 백악관이 언론의 범주를 훨씬 광범위하게 적용하기 시작했다는 의미이면서 버즈피즈의 영향력을 인정한 것이다.

버즈피드는 2006년, 웹의 바이럴 콘텐츠 왕이라 불리우는 조나 페리티가 설립했다. 콘텐츠의 바이럴이 어떻게 이루어지는지를 분석하는 IT 스타트업이었다. 2015년, 이 회사의 가치는 15억 달러로 평가받았다. 2015년 12월 기준, 버즈피드의 월 평균 방문자수 UV, Uunique Visitor는 2억 명, 월 평균 홈페이지 방문자수는 50억 명을 돌파했다. 이 회사가 제작하는 동영상은 보통 월 조회수가 4500만 건인데 NBC, CBS 등 주요 언론매체를 제치고 1위다.

2013년부터 본격적인 수익을 창출하기 시작했는데, 특히 동영상 광고가 전체 매출에서 차지하는 비중이 가파르게 상승하여 2014년 7%, 2015년 35%를 차지했다. 네이티브 광고, 브랜디드 콘텐츠와 같은 동영상 광고 콘텐츠 제작건의 증가가 한몫한 것으로 평가된다.

버즈피드하면 '리스티클 콘텐츠'를 처음 선보인 업체로도 이름나 있다. 리스티클이란 리스트(목록), 아티클(기사)를 합친 것으로 '00

지역에서 꼭 가봐야 할 맛집 10곳' 등 목록을 나열하는 식의 정보 콘텐츠를 의미한다. 이 회사는 리스티클을 비롯해 하루 평균 600여 개의 콘텐츠를 쏟아낸다.

1300명의 직원 중 취재기자 190명, 에디터 475명이 콘텐츠를 제작하여 30여 개의 플랫폼에 콘텐츠를 유통시킨다. 이때 플랫폼의 성격에 맞게 콘텐츠 편집을 달리한다. 스냅챗에 맞도록 7초 짜리로, 페이스북에 맞게 30초로 편집하고 18~24세들이 많이 찾는 텀블러, 바인, 핀터레스트와 같은 플랫폼에도 콘텐츠를 운영하는 오픈 플랫폼 전략을 취하고 있다. 그 결과 버즈피드 방문자의 4분의 3은 소셜네트워크를 통하고, 방문자의 절반 이상은 밀레니얼세대다. 접속하는 디바이스의 비중은 모바일 기기가 압도적이다.

이런 현실은 광고주들에게 매력적인 조건이다. 그러나 단순히 그런 현상만으로 광고주의 입맛을 맞출 수는 없다. 무엇보다 버즈피드의 핵심 무기는 특화된 콘텐츠 관리 시스템 CMS Contents Management System인 '파운드'라고 해도 과언이 아니다.

파운드는 강력한 데이터 분석 기능을 탑재하고 있다. 어떤 콘텐츠를 선택해야 하는지, 콘텐츠의 수명을 늘리기 위해서는 어떻게 해야 하는지, 어떤 경로로 콘텐츠를 유통해야 하는지, 다양한 데이터를 통하여 광고주의 니즈에 정확하게 접근하도록 해준다.

게임, 짤방, 패션과 같은 가벼운 콘텐츠부터 시사, 정치와 같은 뉴스 콘텐츠를 데이터 분석에 입각해 제작하기 때문에 버즈피드는 미디어 기업이자 IT기업이며, 콘텐츠 제작업체의 선두주자로 떠오를 수 있었다.

쿼츠, 대화형 뉴스 큐레이션 선보여

쿼츠는 2012년에 출범한 신생 언론사이지만, 직원들 대부분은 포브스, 와이어드, 비즈니스 인사이더, 이코노미스트, 월스트리트저널 등 쟁쟁한 언론사 출신의 저널리스트들이다. 쿼츠는 경력자들을 통하여 고품질의 뉴스를 생산하고 그들을 신뢰하는 40대 이상의 중장년, 연평균 가계소득 10만 달러의 중산층을 주요 독자로 지향한다. 쿼츠의 주요 타깃을 SYBAW Smart, Young, Bored at Work라고 한다. 즉 똑똑하고 젊지만 직장에서 지루해하는 사람들이다. 트래픽의 40% 가량은 모바일 기기에서 발생하고 독자의 70%는 남성, 기술 관련 종사자가 많다.

쿼츠는 이런 독자 타깃에 만족감을 주는 뉴스의 형식으로 뉴미디어와 전통적인 방식의 스토리텔링을 능숙하게 결합한다. 쿼츠가 얘기하는 '뉴스 콘텐츠의 V커브'는 그들이 추구하는 뉴스의 형식을 단적으로 말해주는 지표이다. 쿼츠는 기사를 생산, 유통할 때 어느 정도의 길이가 독자들에게 가장 강력하게 어필할 수 있는지를 분석하다가 V커브를 발견했다고 한다.

3~400미만의 단어를 사용한 기사가 독자로 하여금 공유와 바이럴이 잘 이루어지고, 그렇지 않으면 오히려 1000단어 이상 긴 호흡

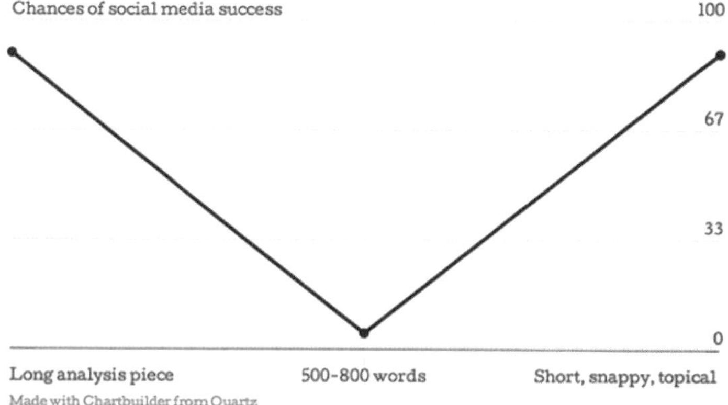

으로 장편의 고품질 기사로 쓰라는 얘기다. 반면 5~800 단어 구간을 데스존 Death Zone이라고 하는데, 이는 기사의 길이 자체가 모호하기 때문에 독자들의 주목을 받지 못하고 외면 받을 수 있다고 한다.

강력한 바이럴을 일으키는 짧은 기사의 필수 조건은 매스미디어인 신문, 방송의 헤드라인의 기능과 비슷하다고 할 수 있다. 쿼츠는 기사 제목을 뽑을 때 반드시 바이럴이 강한 제목인가를 깊이 고민한다고 한다. 그런 고민에 기반을 두고 2014년, 일일 브리핑 형식의 뉴스 레터 서비스를 시작했다. 전 세계 7만여 명의 독자에게 외부 기사와 자체 기사를 종합해 큐레이션하는 서비스로 미국, 유럽, 아시아 세 가지 버전으로 제작, 배포되고 있다. 전체 구독자의 4~50%가 메일을 열어본다.

쿼츠가 정통 언론사 출신의 저널리스트를 영입하는 이유는 뉴스 큐레이션 서비스와 연관이 있다. 똑똑하면서도 일상의 대화와 같은 친근함을 구사하기 위해서는 노련한 저널리스트들의 안목이 필요하기 때문이다. 쿼츠의 광고매출은 바로 이런 똑똑함과 친근함 양자를 다잡는 큐레이션의 인기에 수렴한다고 할 수 있다.

이런 서비스는 단순히 메일 레터 서비스에 한정된 건 아니다. 쿼츠가 유명해진 것은 메시징 기반의 인터페이스를 갖춰 개인화한 뉴스 콘텐츠를 제공하기 때문이다. 전형적인 뉴스가 아니라 친구가 들려주는 듯한 대화형 큐레이션 방식으로 독자들의 몰입을 이끌어내고 있다.

주요 헤드라인을 메시지로 뿌려주고, '독자들이 궁금해', '더보기 옵션' 등을 선택하면 관심 있어 하는 주제에 대해 더 깊은 글을 보는 형식이다. 이런 방식은 독자와 직접 관계를 구축할 수 있기 때문에 독자의 반응을 즉각적으로 수집할 수 있고 충성도를 높일 수 있다.

뉴스레터나 메시징앱을 통한 뉴스 큐레이션은 틈새시장을 공략한 신생 언론사의 훌륭한 전략이다.

뉴스읽어주는여자

매스미디어의 커뮤니케이션 방식은 대체로 미디어 기업이 생산한 뉴스가 일반 대중으로 전달되는 위에서 아래로 흐르는 방식이다. 그러나 뉴미디어에서 뉴스의 방향성은 하향, 상향, 양방향 등 다양한 방식으로 전개된다. 이는 여러 가지 의미가 있겠으나 이 장에서의 논지는 뉴스 생산자가 꼭 미디어 기업에 속하지 않는다는 사실이다.

소셜미디어의 발달은 뉴스 생산자로서 개인의 지위를 향상시키고 있다. 미디어 관련 조직에 소속되어 있지 않아도 개인이 언제 어디서든 미디어 생산자이자 전달자가 될 수 있는 세상이다. 여기서 미디어의 개념은 단순하지 않아서 어디까지 미디어의 영역으로 설정해야 할지는 어렵다. 이 책에서는 뉴스를 전달하는 미디어쯤으로 제한을 둔다.

최근 어떤 분야에 영향력을 행사하는 일반인을 인플루언서라고 칭한다고 앞서 언급했다. 엄밀히 따지면 이 말은 사실 모순이다. 인지도를 기반으로 영향력을 행사한다는 사실 자체가 일반인이 아닌 특정인, 전문인, 인기인이기 때문이다. 그래서 인플루언서를 나름 정확하게 정의 내릴 필요가 있다. 가령 국민적인 인지도를 가진 아나운서 출신의 JTBC 사장 손석희 씨가 '유명인으로서 인플루언서'라면, 다양한 소셜미디어를 통하여 팔로워를 모으고 인지도를 키움으로써 영향력을 발휘하는 사람을 '일반인으로서의 인플루언서'라고 하는 것이 정확한 표현일 것이다.

필자가 다루고자 하는 것은 물론 일반인으로서의 인플루언서다. 이들은 1인 미디어로서 사회적 영향력을 행사한다. 이들은 대개 구독자, 팬을 보유하고 있으며 그들이 생산, 유통하는 정보에 대한 파급력이 때로는 기존 매체를 능가한다.

필자의 얘기를 잠시 하려 한다. 필자는 페이스북을 통하여 '뉴스읽어주는여자' 페이지를 운영하고 있다. 개인적으로 보고 싶은 뉴스를 기록해 놓으려는 의도로 시작했는데, 페이스북의 친구맺기 알고리즘을 다고 페이지 구독자가 삽시간에 몇천 명에 이르렀다. 말 그대로 콘텐츠의 바이럴이 잘된 것이다.

요즘 사람들은 다양한 이슈와 트렌드에 민감하고 자기 관심사에 대해서는 지치지 않고 천착하는 경향이 있다. 반면 넘쳐나는 뉴스와 정보 속에서 쉽게 피로감을 느낀다.

이때 자기의 관심 영역에 있는 이슈를 일목요연하게 모아서 요약 정리 해준다면 마다할 사람은 별로 없을 것이다. 거기다가 의견과 정보, 기사, 뉴스의 이면까지 풀이해준다면 금상첨화다.

'뉴스읽어주는여자'가 딱 그런 접점에 있었다. IT를 중심으로 하는 다양한 이슈와 트렌드 기사들을 큐레이션하여 클리핑하고, 이를 요약 정리하여 포스팅한 결과 많은 업계관계자나 관심자들이 팔로워가 된 것이다.

이제는 뉴스 자체보다는 뉴스에 대한 필자의 생각을 궁금해하는 경향도 보인다. 단순한 팩트 전달보다는 기사의 포괄적인 맥락을 읽기 때문이다. 매체가 많아진 지금은, 사람들은 차별성 있는 뉴스에 목말라 하고 있다. '뉴스읽어주는여자'의 경우 페이스북에 포스팅하면, 해당 뉴스 큐레이션에 대한 토론이 종종 일어난다. 토론에 참여하는 댓글 작성자들은 뉴스와 연관된 업종에 종사하고 있거나 해당 주제에 깊은 관심을 갖고 있는 사람들이다.

결국 그들의 '관심사'와 맞닿아 있기에 이 같은 뉴스 큐레이션은 시간을 들여서라도 더 보고 싶어 한다. 원하는 뉴스를 큐레이션 해주는 뉴스 유통 서비스가 필요해지는 이유이기도 하다.

앞서 언급한 쿼츠, 바이스미디어, 써카 등 블로그형 글로벌 미디어들을 보자. 단순한 팩트 전달에 그치지 않고 뉴스 생산자의 인사이트와 통찰력을 섞는다. 그렇게 독자들과 소통하고 있는 것이다. 관심사를 파고드는 큐레이션이 중요한 이유를 알 수 있는 대목이다.

MCN이 광고를 만나면

인플루언서 마케팅, 네이티브 광고, 브랜디드 콘텐츠

2015년 10월, CJ E&M 소속 게임 크리에이터 대도서관은 맥주 브랜드 기네스와 함께 네이티브 광고 형식의 콘텐츠를 제작했다. 제목은 '대도서관-흑수뎐, 입맛 까다로운 대도대감의 선택 기네스'이다. 이 동영상은 유튜브에서만 37만 회 플레이됐다. 광고라고 명시를 했음에도 불구하고 많은 사람들이 이 영상물을 보았고 공유와 바이럴이 일어났다. TV CF와는 차별되는 영상 형식과 재미 넘치는 크리에이티브가 광고효과를 톡톡히 발한 것이다.

유튜브에서 영상물을 볼 때 본 내용에 앞서 어느 정도 시간은(대략 5~20초) 프리롤 Pre Roll이라는 광고를 봐야 한다. 대개는 의무 시청 시간이 채워지면 바로 스킵 Skip버튼을 클릭한다. 그런데 대도서관의 기네스 광고는 사람들이 일부러 찾아서 봤다고 하니 광고주와 광고제작자 입장에서는 얼마나 고무되었을지 짐작이 간다.

일부러 찾아서 보는 광고! 이는 밀레니얼세대의 콘텐츠 소비 트렌드에서 일부의 답을 찾을 수 있다. 밀레니얼세대는 필요하거나 좋아하는 콘텐츠, 정보를 찾는 데 능동적이고 소통에도 적극적이다. 그 과정에서 크리에이터들은 팬들과 호흡하면서 유저가 원하는 콘텐츠에 대한 피드백을 체화하여 콘텐츠의 만족도를 향상시켜간다. 크리에이터에 대한 팬덤은 이런 상호소통을 통해서 형성된다. 이렇게 형성된 팬덤은 충성도가 높다. 그래서 인플루언서, 스타 크리에이터들이 언급하는 제품을 팬들은 신뢰하고, 적극적으로 구매까지 이어간다.

인플루언서가 뜬다

한때 파워블로거의 영향력이 대단했던 시절이 있었다. 여행, 맛집, 책, 전자제품 등 분야를 가리지 않고 텍스트와 스틸 이미지 중심의 블로그들이 사람들을 끌어모으면서 강력한 영향력을 행사한 것이다. 맛집으로 등극하려면 음식 파워블로거 몇 사람만 잘 섭외하면 된다는 밀약설은 공공연한 비밀이다. 하물며 큰 기업들도 파워블로거나 대형 온라인 카페의 운영자를 활용해 다양한 마케팅을 펼쳤다. 이렇게 본다면 파워블로거는 지금의 인플루언서의 조상쯤 되겠다.

하지만 이제 콘텐츠의 중심이 텍스트 기반에서 동영상 기반으로 급속히 이전하면서 블로거의 인기는 시들해졌고, 재차 언급하는 바와 같이 스타 크리에이터, 인플루언서가 그 자리를 차지했다. 네이버가 폭발적인 트래픽의 원천이었던 파워블로거 제도를 더 이상 운영하지 않겠다고 선언한 것도 이러한 트렌드의 변화가 한 이유이다.

아프리카TV 또는 유튜브에서 활동하는 톱 크리에이터들은 기본적으로 인플루언서라 부를 수 있다. 이들을 활용한 광고 마케팅은 그동안 PPL형식으로 이뤄져 왔다. 이를테면 장난감 소개 전문 크리에이터에게 장난감을 협찬한다거나, 뷰티 크리에이터에게 신상품 립스틱을 협찬하는 방식이 일반적인 경우다. 이제는 PPL형식을 뛰어넘어 콘텐츠를 지향하는 네이티브 광고의 형식으로 진화하고 있다.

네이티브 광고의 선두주자는 역시 앞에 언급한 대도서관이다. 그는 기네스 광고 외에도 헤드앤숄더와 시그널을 패러디한 '취그널',

롯데제과의 브랜드 가나초콜릿을 홍보하기 위해 '응답하라 누이'를 네이티브 광고로 제작했다. 가나초콜릿의 경우 판매량이 40%가 증가하는 가시적 성과를 달성하기도 했다.

뷰티 크리에이터 씬님은 '글로시데이즈'와 씬쿵주의 파우치 발매 관련 콜라보 영상을 제작했다. 영상 공개 후 씬쿵주의 파우치 시즌1 세트 3천 개가 하루 만에 완판됐으며, 파우치를 포함하지 않은 추천 아이템으로만 구성된 패키지도 3일 만에 매진됐다. 이밖에도 '언 프리티 랩 스타 코스메틱'과 함께 '브라운 홀릭 박스 바이 씬님'이라는 신제품 라인을 론칭하기도 했다.

이러한 인플루언서 마케팅은 광고주 입장에서는 가성비가 매우 높은 방식이다. 소셜미디어를 통한 디지털 중심으로 광고를 대행하는 기업인 '애드쿠아 인터렉티브'는 버즈넷이라는 인플루언서 마케팅 플랫폼을 운영하고 있다. 이들은 자료에서 인플루언서를 활용한 광고의 광고조회당 비용이 기존 셀럽이 등장하는 TV CF의 13%에 불과하다고 밝혔다.

필자의 지인인 한 광고대행사의 대표의 말을 빌리면,

"광고주는 소비자가 공감하여 고개를 끄덕이면서 구매까지 성공시키는 광고를 원한다. 광고제에서 상을 받는, 예술 작품 같은 광고는 덤일 뿐이다."

돈을 쏟아 부어 고퀄리티의 광고를 만들어 사람들이 감탄을 자아

내도 상품을 널리 알려 매출로 이어지지 않는다면 무용지물이란 얘기다. 적은 비용을 들여서 시청자들에게 이야깃거리를 주고, 자발적인 공유를 일으키고, 바이럴이 일어나는 광고를 원한다는 말이다.

유튜브 채널을 분석해 보면 개인 크리에이터가 운영하는 채널이 40%, 미디어사들이 운영하는 채널이 32%, 기업 등이 운영하는 브랜드 채널이 17%라고 한다.

그리고 국내 상위 20위 채널 중 14개는 개인 크리에이터의 채널이다. 그중 대도서관TV가 120만 명, 씬님이 98만 명의 구독자를 보유하고 있다. 이는 셀럽이라고 할 수 있는 K-POP 뮤지션들의 채널 구독자를 능가하는 수치다.

광고주 입장에서는 비용 대비 높은 효과를 볼 수 있는 인플루언서를 활용한 마케팅을 마다할 이유가 없다. 2016년을 기점으로 한국 광고 시장은 형식과 기존 채널을 파괴하는 다양한 시도가 본격화할 것으로 보인다. 셀럽 중심이었던 광고 시장에서 인플루언서 광고가 점점 더 큰 자리를 확보할 가능성이 농후하다.

네이티브 광고에 셀럽을 입히다

제일기획이 기업블로그에 밝힌 '2015년 대한민국 총광고비 결산 및 전망 발표'에 따르면, 국내 총광고비는 10조 7270억 원으로, 2014년 대비 6.2% 성장했다. 연간 2% 안팎의 성장세를 보여오던 광고 시장이 전년보다 6%의 성장을 보인 이유는 메르스 여파로 주

춤했던 광고 시장이 회복세를 보였고, 모바일 기반으로 게임, 부동산 중개 비즈니스를 하는 기업들이 대거 광고비를 집행했기 때문이라고 한다.

특히 디지털 광고는 3조 원을 돌파하며, 전체 광고 시장에서 30%를 상회하는 점유율을 보였다. 이 중 모바일 광고 시장 규모는 1조 2802억 원이다. 2014년 대비 52.6% 성장하며 디지털 광고 시장의 메인으로 등극했다고 할 수 있다.

2016년에도 디지털 광고는 전년보다 4.6% 정도 성장할 것으로, 그중 모바일 광고 시장은 18.7%의 성장이 예상된다.

미디어 소비가 개인화하고 시청자의 콘텐츠 소비 행태의 변화에 따라 광고주의 매체에 대한 광고 집행도 변화하고 있다. 특히 2015년 국내 광고 시장에는 네이티브 광고와 브랜디드 콘텐츠가 다량 생산되고 유통됐다.

트렌드를 빨리 읽은 광고주들은 투 트랙 Two Track 전략을 구사하기 시작했다. 인기 연예인을 캐스팅하여 광고를 만들고 전통 미디어에 노출하는 -대표적으로는 TV CF- 동시에, 영향력있는 스타 크리에이터를 기용해 각 소셜 플랫폼에 맞는 네이티브 광고를 제작하는 전략이다. 일부 스타 크리에이터가 등장하는 네이티브 광고는 10~20대로부터 열렬한 지지를 받으며 자발적인 공유와 퍼나르기에 의한 입소문 마케팅의 효과를 톡톡히 누리고있다.

박보검의 네이티브 광고는 셀럽이 TV CF가 아닌 모바일 전용이라

할 뉴미디어 채널에 적합하게 제작된 광고의 사례다. 박보검은 tvN의 인기 드라마 '응답하라 1988'에서 화제를 모았던 연예인으로 TV 광고가 아닌 모바일 전용 광고 콘텐츠 제작에 참여했다.

영상콘텐츠 스타트업인 '칠십이초'는 의류브랜드 TNGT의 네이티브 광고에 박보검을 캐스팅했다. 이 영상은 취업준비생 도루묵이 면접에서 계속 낙방하자, 인사담당자가 "닥치고 옷이나 한 벌 사 입어라." 라는 멘트에 자극 받아 TNGT에서 양복을 맞추는 것으로 시작된다. 주인공 도루묵은 TNGT 양복 재킷을 입는 순간 박보검이 되었고, 재킷을 벗으면 다시 도루묵이 되는 모습을 코믹하게 그려냈다.

네이티브 광고의 가장 큰 장점은 시청자가 광고임을 알면서도 적극적으로 광고 보기를 주저하지 않고, 내용에 공감하여 공유, 댓글 달기 등의 리액션을 보인다는 점이다. 페이스북의 경우, 페이지를 구독자, 고객의 특성, 브랜드 인지도에 따라 차이가 있겠지만 일반적으로 1번의 공유는 200명에게 추가 도달되는 효과가 있다고 본다. 어떤 광고나 게시물을 1000명이 공유한다면 20만 명에게 도달되는 셈이다. 이렇듯 바이럴에 의해 콘텐츠가 퍼져나가는 소셜미디어의 특성에 네이티브 광고는 궁합이 잘 맞는 형식이라 할 수 있다.

나스미디어는 2015년에 인터넷 유저 2000명을 대상으로 이용행태를 설문 조사했었다. 조사의 결과에 따르면 소셜 플랫폼을 통해 네이티브 광고를 시청했다는 비중은 전체의 81.6%에 이르며 이 중

7.6%는 게시물을 공유한 적이 있다고 답변, 27.5%는 클릭하여 자세한 내용을 확인했다고 답했다. 또한 21.1%는 네이티브 광고를 통해 이벤트, 프로모션에 적극적으로 참여했다고 답했다.

한마디로 페이스북, 유튜브 등 다양한 소셜 동영상 플랫폼 상에 시청자들은 대부분 네이티브 광고에 대해 인지하고 있고 거부감없이 게시글을 공유하여 자발적으로 입소문을 낸다는 사실을 확인할 수 있다.

네이티브 광고는 배너 광고와 대비해서도 최근 그 효과가 검증되고 있다. 'IPG 미디어 랩 & 쉐어스루' IPG Media Lab & Sharethrough가 두 형식의 광고 효과를 비교한 데이터를 보면 흥미롭다.

네이티브 광고와 배너 광고를 본 후에 공유할 의향이 있는지를 물었다. 결과는 각각 32%, 19%의 비중으로 콘텐츠 공유 의사를 밝혔다. 그리고 제품 구매 의향에 대해서는 네이티브 광고가 52%로 배너 광고의 34%를 크게 앞섰다.

배너 광고는 전통 미디어에 있어서 주요한 수익원이었다. 1994년 AT&T가 세상에 처음 배너 광고를 선보이고, 이후 배너 광고는 다양하고 급격하게 발전해왔다. AT&T가 배너 광고를 선보인 당시 광고 클릭률은 무려 44%에 이를 정도였다. 그러나 뉴미디어가 등장하고 성장하면서 콘텐츠의 양이 폭발적으로 증가하였고 이용자들의 시선을 잡기 위해 검색 어뷰징, 오류 클릭 등 다양한 기법들이 개발되었다. 그러나 이런 기법들은 사람들로 하여금 광고 기피를 가중시켰고, 이외에 여러 가지 변화와 경쟁 속에서 배너 광고 클릭률은 노출대비 평균 0.1%수준까지 떨어졌다. 즉 배너가 노출되는 1000명 중 1명만 배너를 클릭한다는 의미다.

초창기 44%의 클릭률로만 대비해 보면 이제 배너 광고의 효과는 완전 바닥권이다. 그렇다고 배너 광고가 쓸모없다는 것은 아니다. 사람들은 여전히 자신의 관심사에 관한 배너는 클릭한다.

네이티브 광고는 뉴미디어의 등장과 배너 광고의 쇠퇴라는 배경 속에서 콘텐츠의 경쟁력, 크리에이티브를 높이는 과정에서 자연스레 자리잡아 가기 시작했다. 모든 광고가 사람들의 관심을 끄는 것이 목표이겠으나 관심을 끌고 사람을 유인하기 위해서는 훨씬 더 공감의 요소를 콘텐츠에 담아야 한다. 광고주들은 어떻게 하면 시청자들이 흥미를 갖고 광고를 끝까지 시청하면서 2차 바이럴까지 유발하게 할 것인가에 대한 끊임없는 해답을 찾기 위해 절치부심한다.

브랜디드 콘텐츠, 뷰티 인사이드

브랜디드 콘텐츠는 기업이 소비자들에게 메시지를 전달하는 방식의 하나로, 독자에게 유익한 정보, 재미있는 이야깃거리를 제공하면서 간접적으로 브랜드를 연관시키는 콘텐츠를 말한다. 네이티브 광고보다는 훨씬 더 은밀하고 고도화한 기획이 필요하다.

브랜디드 콘텐츠는 영상, 음원, 웹툰 등의 포맷으로 제작된다. 결코 어디에도 광고라고 대놓고 표현하지 않는다. 광고로 인지하지 않아서 콘텐츠의 엔터테인먼트 요소에 집중하여 시청자는 즐길거리, 볼거리로 느끼는 경향이 있다. 자연히 콘텐츠에 대한 공감성 공유와 댓글, 퍼나르기 등의 바이럴이 잘된다.

브랜디드 콘텐츠의 대표적인 예로 인텔과 도시바가 제작한 '뷰티 인사이드' The Beauty Inside가 있다. 매일 아침에 일어나면 모습이 바뀌는 한 남자가 한 여자와 사랑에 빠지면서 겪은 일을 6개의 에피소드로 구성했다.

인텔, 도시바의 '뷰티 인사이드'는 페이스북, 유튜브에 포스팅됐다. 주인공 알렉스가 매일 바뀌는 모습을 웹캠으로 찍어 매일 일기장을 영상으로 기록하는 장면이 있는데, 페이스북을 통해 시청자들이 참여할 수 있는 이벤트를 실시했다.

페이스북에 오디션 대본을 제공하고, 페이스북 이용자들이 알렉스의 영상 다이어리를 직접 제작해 업로드하고, 해당 동영상에 다른 이용자들로부터 '좋아요'를 많이 받은 알렉스가 선발돼 실제 에피소드에 등장했다. 에피소드의 마지막 편인 6화의 엔딩 크레디트를 보면 1번 알렉스부터 59번 알렉스까지 등장하는데, 이 중 연기자가 아닌 시청자들이 다수 포함돼 있다.

'인텔 인사이드' Intel Inside는 인텔의 오래된 슬로건이다. 인텔 캠페인이 대중에게 각인시키려는 메시지는 '인텔이 컴퓨터 안에 있어야 좋은 제품이고 가치가 있다는 것'이다. 따라서 이들이 포스팅한 동영상 '뷰티 인사이'드는 곧 '인텔이 인사이드'에 있어야 아름답다는 메시지를 아주 은밀하게 전달하고 있는 것이다.

'뷰티 인사이드'는 7천만 회 이상 재생되었고, 페이스북을 통한 리액션도 2600만 회 이상이다. 콘텐츠가 포스팅되는 이벤트 기간 동안 인텔과 도시바의 브랜드 인지도는 66%, 40% 상승했다고 평가받았다.

해당 기간의 제품 판매량은 전주 대비 300%나 증가했다고 한다. 기업의 이미지 제고와 매출의 증가라는 두 마리 토끼를 잡은 셈이다. 브랜디드 콘텐츠의 결과에 대한 분석 영상과 에피소드 1~6까지의 영상은 우측의 QR코드에서 확인할 수 있다. 2015년에 개봉한, 한효주가 주연을 맡은 국내 영화 '뷰티 인사이드'도 이 콘텐츠의 얼개를 차용한 것이다.

한편 2016년 4월, 페이스북은 인증된 유명인이나 미디어들이 기업들의 협찬을 받아 콘텐츠를 노출하는 네이티브 광고, 브랜디드 콘텐츠를 노출하는 것을 전격 허용하기로 결정했다. 페이스북의 이번 조치는 네이티브 광고가 광고업계는 물론, 뉴미디어 기업 및 온라인 채널 등에게는 갈수록 중요한 수익원이 되고 있음을 인지하는 동시에 페이스북도 광고 플랫폼으로서 본격적인 행보를 보이겠다는 의미로도 해석된다.

물론 기업이 이러한 콘텐츠를 업로드할 때는 브랜드 콘텐츠 태그라는 것을 적용해 시청자들이 광고 콘텐츠를 보고 있다는 것을 인지하도록 해야 한다는 의무 사항이 있긴 하다. 네이티브 광고나 브랜디드 콘텐츠가 태그로 관리될 경우 관련 빅데이터를 쌓는 데 용이하다. 그리고 결국 그 데이터는 광고주나 페이스북 양측 모두에게 유의미한 데이터로 가공되어 광고, 이벤트, 캠페인 등 다양한 마케팅의 기초 자료로 활용될 것은 명확해 보인다.

MCN이 커머스를 만나면

MCN, 어떻게 물건을 파나?

"광고주들이 돈을 쓰는 이유는, 내 브랜드 가치를 높이기 위해서입니다. 내가 가진 제품, 내가 원하는 타깃 고객들에게 끼치는 영향력'을 따져서 광고주가 생각하기에 가장 적절한 사람을 모델로 내세우는 건 당연한 거죠. 그렇기 때문에 광고주가 특정 크리에이터에게 집중하는 것은 부정할 수 없습니다."

2016년 5월, 아시아 최대 방송영상 콘텐츠 축제인 '부산 콘텐츠 마켓 2016'의 세션 발표에서 CJ E&M 다이아TV 이학성 국장의 말이다.

부산 벡스코에서 열린 이 행사에서는 'MCN, 금이냐 짱이냐?'라는 주제로 패널토크가 진행됐다. 최근 부쩍 증가한 MCN과 광고 시장의 결합, 미디어 커머스의 미래에 대한 다양한 논의가 이어졌다. 토크의 결론은 MCN 비즈니스를 금맥으로 보고 있고, 다양한 비즈니스 모델 발전과 전통 미디어와의 상생을 통해 진화된 형태의 MCN으로 나아가야 한다는 것으로 마무리됐다.

수년 전부터 국내외 MCN 기업들이 네이티브 광고, 브랜디드 콘텐츠를 만들어왔다. 동영상 플랫폼의 라이브 서비스가 시작되면서 본격적인 미디어 커머스 시장이 열린 것이다.

아마존은 홈쇼핑 포맷의 라이브 쇼 '스타일 코드 라이브'를 론칭했다. 뷰티 토크쇼로서 대표적인 온라인 커머스 방송이다. 이 방송은 진행자가 라이브 토크쇼를 진행하면서 상품을 보여준다. 시청자들과 실시간 채팅을 하면서 궁금증을 즉석에서 풀어준다. 시청자들은 궁금증을 바로 해결하고 필요 시 구매까지 할 수 있다.

기존의 TV홈쇼핑은 상품 특성에 따른 시현과 쇼호스트의 설명에 의존하여 구매를 유도한다. 소비자의 구매에 미치는 쇼호스트의 영향력은 결코 작지 않다.

인터넷이나 모바일을 통한 라이브 홈쇼핑에서도 진행자의 역할이 중요한 것은 마찬가지지만 시청자와 판매자(진행자)가 실시간 소통할 수 있다는 점은 매우 강력한 구매 결정 요소이다.

최근 핫한 인터넷 홈쇼핑 방송으로는 '피그라이브'와 '무궁화 꽃이

피었습니다'가 있다. 이들 방송은 TV 홈쇼핑처럼 라이브로 진행된다. 쇼호스트가 나와 상품을 설명하고 물건을 파는 것은 다

르지 않다. 차이점이라면 실시간 채팅을 통하여 시청자와 바로 소통할 수 있다는 것이다. 그런데 재미있는 것이 간혹 상품에 대한 설명은 하지 않고 시청자들의 고민을 경청하거나, 일상 생활에서 접하는 가십거리을 나누는 모습을 볼 수 있다.

피그라이브에서 활동하는 결혼 2년 차의 한 쇼호스트는 물건에 대한 이야기보다는 결혼 생활에서 발생하는 갈등, 고민에 대한 이야기에서부터 시청자들의 사연을 듣고 함께 해결을 모색하는 대화를 이끌어나간다. 그런데 이 쇼호스트는 이른바 완판녀로 불린다. 물건을 팔기 위해서 상품에 대한 이야기만 주구장창한다고 해서 능사가 아니다. 소비자들은 '나의 이야기에 귀 기울여주는 사람', '고민을 함께 나누는 사람'이 판매하는 상품을 신뢰하고 자연스레 구매까지 결심하게 된다는 것을 유념할 필요가 있다.

궁극적으로 물건을 팔기 위한 방송이지만 마치 시청자의 고민상담소, 수다를 나누는 장터 같은 느낌을 전달하여 시청자를 무장해제시키고 결국 물건을 사게 만드는 포맷인 것이다. MCN이 잘할 수 있는 영역 그대로다.

물건 파는 방송뿐 아니라 이런 상호 소통이라는 온라인 환경을 통하여 크리에이터들에게는 지속적으로 커머스의 문이 열리고 있다. 아프리카TV를 비롯한 라이브 방송에서 인기있는 크리에이터들을 살펴보면, 시청자들과 소통을 잘하는 크리에이터가 대체적으로 인기가 높다. 크리에이터의 인기는 셀럽에 버금갈 정도로 높지만, 옆

집 누나, 오빠와 같이 친근하게 대화를 나눌 수 있다. '내가 어제 무얼 먹었는지'에 대한 이야기도 크리에이터가 라이브 방송을 통해 들어준다. 유명 연예인과는 결코 나눌 수 없는 실시간 공유감을 크리에이터들은 마구 퍼주는 것이다. 역시 그들의 코드는 공감과 위로다.

인기 있는 크리에이터들이 사용하는 제품이나 입고 있는 옷은 덩달아 인기가 높다. 이들에 대한 팬덤이 커머스로 연결될 수 있는 가능성이다. 시장이 점차 성숙해 가면서, 광고주들은 크리에이터와 팬덤문화에 주목하기 시작했고, 광고에 이어 커머스 시장으로까지 크리에이터들을 끌어들이고 있다.

MCN이 커머스를 만나는 접점은 바로 이곳이다. 그리고 커머스의 핵심은 상거래다. 돈이고 수익이다.

세일즈 배틀 버라이어티, 잇츠 뷰티 쇼핑쇼

화장품 업체 잇츠스킨이 '잇츠 뷰티 쇼핑쇼'라는 신개념 홈쇼핑 라이브 방송을 시작했다. 그리고 MCN 스타 크리에이터와 개그맨들을 섭외해 홈쇼핑 라이브 배틀을 벌였다. 대도서관, 양띵, 회사원A, 개그맨 허경환과 장도연이 각각 나와 총 4라운드로 진행하면서 잇츠스킨의 제품을 누가 더 많이 파는가 하는 방송이었다. 이 라이브 방송은 아프리카TV, 잇츠스킨 공식 유튜브 채널, 페이스북 모바일, 마이크로 사이트에서 생중계됐다.

생방송이 진행된 지 10분이 채 되지 않아 아프리카TV 내 실시간 검색 1위에 올랐으며, 소비자들이 실시간 대화창 댓글에 참여하며 폭발적인 반응을 보였다. 각 진행자들의 개성과 입담으로 이뤄진 라이브 배틀은 흥미롭게도 대도서관이 다른 진행자 대비 높은 판매량을 보였다. 4시간 동안 진행된 생방송 동안 30초에 1개씩 제품이 팔렸다. 인플루언서가 쇼호스트가 되어 제품을 판매하는 형태로 홈쇼핑, 온라인 생방송, 인플루언서의 매체력을 활용해 성공적인 결과를 낳았다.

오픈마켓과 MCN 콜라보

오픈마켓 업체인 G마켓과 CJ E&M 다이아TV가 연계한 '유튜브 스타 쇼핑 어벤G스 되다' 라는 프로모션이 있었다. 전형적인 MCN이 연계된 커머스 프로젝트였다. 포맷은 특별한 것 없이 홈쇼핑 라이브로 진행됐다. 씬님, 대도서관 등 인기 크리에이터 12팀이 참여했고, 방송은 유튜브, 페이스북, 아프리카TV의 개인 채널을 탔다.

게임, 뷰티, 푸드, 엔터테인먼트 등 각 카테고리에서 활동하는 대표 크리에이터들이 각자 선정한 제품을 소개하는 영상을 올리고 구매로 이어질 수 있도록 했다. 대도서관은 돼지코팩, 씬님은 화장솜, 밴쯔는 닭갈비를, 울산고래, 라뮤끄, 쿠쿠크루는 각각 키보드, 속눈썹, 자동차 등을 선정해 판매했다. 중소기업제품 판매 육성을 위해 진행한 이 프로모션은 성공적으로 마무리됐다.

대도서관, 씬님, 쿠쿠크루, 밴쯔가 올린 영상물은 유튜브, 페이스북 조회수가 각각 420만 건, 425만 건 이상을 기록했고, 울산고래, 라뮤끄, 데이브, 허팝 등이 소개한 제품 영상도 100만 건 이상의 조회수를 기록했다.

또한 이들이 선정한 제품은 G마켓 베스트셀러에 오르며 프로모션 기간 동안 20대 시청자의 구매량이 전주 대비해 30배 가량 증가했다. 선정된 12개 제품의 판매량이 적게는 10배, 많게는 200배, 평균 판매량은 6배 상승하는 등 실질적인 판매 성과로 이어졌다.

또한 CJ E&M이 2016년 6월, 아이뉴스24가 주최한 '모바일 플랫폼 시대의 마케팅 성공전략'에서 발표한 데이터에 따르면, 동영상 전체 누적 재생수는 850만 회를 기록했고, 시청자 조사 결과 캠페인 이후 제품 인지도는 96% 상승, 제품에 대한 특성 이해는 92%, 구매 의향은 87% 증가했다.

뷰티 전문 레페리, 위메프와 만나다

뷰티전문 MCN인 레페리는 소셜 커머스 업체인 위메프와 함께 패션 미디어 커머스 성공 사례를 남겼다. 레페리 소속의 크리에이터가 위메프에서 판매 중인 신진 디자이너 브랜드의 제품을 판매했는데 판매는 하울 형식, 스타일링 형식으로 진행됐다.

하울 형식이란 전문 모델이 방송을 진행하는 것이 아니라, 크리에이터가 직접 옷을 착용하면서 패션 코디와 스타일링 팁을 설명하는 방식이다.

친숙한 크리에이터가 직접 옷을 입고 설명하기 때문에 구매 결정에 결정적인 영향을 미치는 것으로 알려져 있다. 이 사례는 셀럽이 등장하여 광고를 하는 것보다 비용과 판매 효율성 측면에서 높은 성과를 거두었다고 평가된다.

MCN을 차용하는 커머스 업체들

종합쇼핑몰이면서 오픈마켓 기업인 인터파크도 홈쇼핑 라이브 시장에 문을 두드렸다. 기존의 인터넷, 모바일 홈쇼핑 채널인 '무궁화 꽃이 피었습니다'와 제휴를 통하여 '라이브 온 쇼핑'이라는 방송 서비스를 선보였다.

매주 평일 오후 1~2시, 하루에 1개의 디지털 가전제품을 오픈마켓 최저가로 판매하는 방송으로 MCN과 e커머스가 결합된 서비스다.

이 서비스는 라이브 채팅을 열어놓고 실시간으로 시청자들과 채팅창을 통해 구매와 관련된 질문, 제품 배송 및 A/S에 대한 궁금증을 즉석에서 해결하면서, 전문 쇼호스트들이 제품에 대한 정보, 리뷰를 함께 제공한다.

기존 홈쇼핑이나 T-커머스 대비 수수료율을 낮게 책정하여 참여 기업의 진입장벽을 낮췄다. 기업으로서는 홍보와 판매 채널을 확보한다는 점에서 이득이 있고, 시청자 입장에서는 실시간 채팅 참여를 통해 상품에 대한 상세한 정보를 얻음으로써 합리적인 구매를 할 수 있다는 장점이 있다.

한편 CJ 오쇼핑은 '1분 홈쇼핑'을 통해 쇼호스트가 1분 안에 인기 상품을 소개하는 서비스를 선보였다.

GS홈쇼핑은 모바일 앱 전용 MCN 콘텐츠인 '날방'이라는 프로그램을 통해 전용 메신저로 시청자와 소통하며 쇼호스트 및 인기 BJ를 내세운 홈쇼핑 라이브를 시작했다.

소셜커머스 기업인 티몬은 '티몬 라이브TV'를 론칭했다. 140만 명이 넘는 구독자를 보유한 티몬의 페이스북 페이지에 상품 소개 동영상 콘텐츠를 올리면서 노출을 극대화하고 있다. 티몬의 경우 콘텐츠 동시 접속자수가 2천 명에 이르며 매회 재생수가 5만 회를 넘길 정도로 인기다.

이 외에도 현대 홈쇼핑은 'BJ 먹방', 현대 H몰은 'MD 리얼톡', 신세계는 '신세계티비쇼핑, 롯데는 '플레이샵'을 오픈하는 등 유통업계가 빠른 속도로 MCN 형식을 빌려 상품을 판매하는 커머스 시장을 확대 중이다.

미디어 커머스와 크리에이터

부산콘텐츠마켓 2016 세션 발표에서 트레져헌터의 박진우 이사는 크리에이터의 라이브 방송과 관련해 이러한 이야기를 했다.

"아프리카TV에서 활동하는 크리에이터들의 경우 라이브도 잘하고 애드립도 뛰어납니다. 그러나 작은 방에서 혼자 방송을 진행하는 것과 정식 스튜디오에 나와 생방송을 진행하는 건 차원이 다릅니다. 팬들의 관심에 힘입어 스튜디오에 초대되어 패널토크에 참여했다가 유튜브 구독자가 줄어드는 사례를 본 적도 많습니다. 현재 스타 크리에이터라 부를 수 있는 친구들이 자신들의 콘텐츠 틀을 깨고 더 넓은 무대에서 활동할 수 있게 밸류 업 시키는 게 관건입니다. 이렇게 역량을 키워야 글로벌 무대에서 활동할 수 있기 때문입니다."

MCN에서 활약하는 크리에이터를 활용한 미디어 커머스 시장이 열리고 있지만 모든 크리에이터에게 해당하는 것은 아니다. 시장에서는 광고주들이 원하는 얼굴이 있고, 시청자들이 원하는 얼굴도 있다. 또한 커머스 방송에 적합한 방송 카테고리가 있고, 라이브 무대를 집 안에서 오픈 스튜디오로 옮겨갈 수 있는 크리에이터들도 필요하다.

이를테면 게임 방송을 진행하는 크리에이터들이 라이브 방송을 진행하는 것은 어렵지 않다. 그러나 메이크업을 하는 뷰티 크리에이터나 음식을 만들어가는 과정을 보여주는 푸드 크리에이터들은 라이브 방송 포맷이 적합하지 않을 수 있는 것이다.

라이브 포맷에 맞는 장르를 가진 크리에이터라면, 미디어 커머스 시장에 빠른 속도로 진입해 현재보다 훨씬 더 많은 수입을 올릴 수 있다. 그러기 위해서는 자신의 틀을 깨고 밖으로 나와 끼와 재능을 발산할 수 있어야 한다.

미디어 커머스에 적응하는 크리에이터가 기존의 MCN 비즈니스 모델에서 한 단계 진화해 새로운 시장에서 더 많은 영향력을 발휘할 수 있다. 그리고 선점하는 크리에이터들이 시장의 파이를 크게 가져갈 수 있을 것으로 보인다. MCN 업체들도 그런 크리에이터들을 키우는 것이 주요 과제 중 하나다.

미디어 커머스 시장은 광고 시장 만큼이나 MCN의 미래 먹거리로서 중요한 시장으로 자리잡을 것이다.

프로슈머와 MCN이 만난다

1980년대 앨빈 토플러는 자신의 저서 '제3의 물결'을 통해 프로슈머 Prosumer라는 개념을 이야기했다. 프로슈머란 생산자 Producer와 소비자 Consumer를 합친 단어다.

그는 프로슈머가 등장하면 소비만 강요당하던 소비자들이 다양한 경로를 통해 제품의 생산, 개발에도 참여하고 직접 자신의 의사를 반영하게 될 것이며, 이런 물결을 무시하는 기업은 도태된다고 예견했다.

앨빈 토플러의 이야기대로 기업들이 그저 제품을 만들고 그럴싸한 광고를 만들어 소비자를 유혹하던 전통적인 마케팅은 종말을 고하고 있다. 이제는 고객들에게 브랜드 인식을 심어주어야 궁극적으로 상품 판매까지 연결되는 시대다. 고객에게 '이건 좋은 제품이고 사야해.' 하는 인식을 심어주는 일이 마케팅의 핵심이라고 봐도 좋다.

소비자들은 제품에 대해 어떻게 자기의 생각을 만들어 갈까? 그들은 그들을 둘러싸고 있는 각종 미디어에 의해 영향을 받는다. 오늘날 미디어는 수없이 많아졌다. 과거에는 미디어는 전문성과 동의어라고 봐도 좋았지만 지금은 아마추어 미디어도 넘쳐난다. 네이버에 둥지를 틀고 있는 수천만 개의 블로그를 미디어로 볼 수 있지 않은가 말이다.

유튜브에 올라온 어느 아빠의 장난감 리뷰 영상일 수도 있고, 뉴스에 나오는 전문적인 업체의 비평일 수도 있다. 여하튼 소비자들은 그것이 어떤 것이 되었든 간에 수많은 미디어를 통하여 정보를 취득하고 제품에 대한 이미지를 갖게 된다.

또는 적극적인 소비자들은 정보의 단순 취득을 넘어서 자기가 원하는 제품에 관한 불만사항, 개선사항에 대해 이야기한다. 그리고 똑똑한 기업들은 거기에 반응해 맞춤형 제품을 내놓기도 한다. 생산자와 소비자와의 경계가 옛날처럼 확연하지 않고 일정부분 허물어졌다는 말이다.

앞서 이야기했던 1인 미디어, MCN에서 제작하는 다양한 마케팅 광고들은 기본적으로 프로슈머와 맞닿아있다. MCN 업체들이 만들어내는 네이티브 광고, 브랜디드 콘텐츠, 인플루언서 마케팅, 미디어 커머스 중 성공한 콘텐츠들은 기본적으로 소비자들이 찾는 광고이자 소비자들이 원하는 스토리다.

그들이 보고 싶어하고 즐기고 싶어하는 것을 만들어 제공한다는 것이 인기의 공식이요 대박 공식이다. 하지만 그건 삼척동자도 알 만한 사실이다. 그런데 보고 싶어하고, 즐기고 싶어하는 것이라는 대명제에서 세심한 취향을 끄집어내는 일은 쉬운 일이 아니다.

디지털 콘텐츠를 만드는 기업들은 그래서 CMS Contents Management System 콘텐츠 관리 시스템를 구축하는 데 노력을 쏟는다. CMS는 소비자들이 어떠한 콘텐츠에 더 반응하고, 어떠한 텍스트를 읽는 데 오랜 시간을 체류하며, 어떠한 키워드를 많이 찾아 소비하는지를 알아낼 수 있도록 돕는다. 디지털 콘텐츠 시장은 현재 프로슈머들이 만들어가고 있고, 기업들은 그들이 시선을 떼지 않을 콘텐츠를 만드는 데 온 힘을 기울이고 있다.

가상현실도 MCN 콘텐츠로

기술의 진보로 인해 1인칭 시점으로 진행되어 온 방송의 형태가 바뀌고 있다. 아프리카TV에서 웹캠 1대, 마이크와 간단한 조명 장비를 갖추고 시청자와 일대일로 소통하던 방식이 멀티 방송으로 발전하고 있다. 최근에는 다양한 스마트 기기들이 서로 무선으로 연동, 연결되면서 멀티 방송이 가능해졌다. 기존에 정면만 촬영하던 1인칭 시점의 카메라에서 벗어나 색다른 각도의 현장 방송이 가능해진 것이다.

버즈피드에서 선보인 페이스북 라이브 방송 '체다'를 보면 TV의 뉴스 포맷을 그대로 차용하는 수준까지 라이브 방송이 가능해졌다. 여러 스튜디오의 리포팅이 하나의 라이브 방송 내에서 연결된다든지, 영상 하단에 뉴스 자막이 흘러간다.

또한 가상현실 VR Virtual Reality기기들의 성능과 기술이 안정화되면서 다양한 VR 콘텐츠가 만들어지고 있다. MCN 크리에이터들 중에서도 얼리어댑터들은 가상현실을 접목한 콘텐츠를 만들고 있는 실정이다.

대표적으로 글로벌 MCN 메이커스튜디오 소속 게임 크리에이터인 퓨디파이는 최근에 각종 VR 게임을 플레이하면서 중계하는 영상을 올리고 있다. 반응 역시 뜨

겁다. 동영상뿐만 아니라 라이브도 가능하다.

국내에서도 아프리카TV에서 활동하는 크리에이터들이 VR게임을 플레이하는 라이브 방송을 시도했다. 대학가를 중심으로 인기를 끌고 있는 '방 탈출 게임'을 VR 라이브로 구현한 것이다. 크리에이터들은 360도 VR 라이브 카메라와 2D 스테디캠이 설치된 방에서 방 탈출에 도전하고, 그 과정을 생중계하여 시청자들이 실시간으로 보고 호흡할 수 있도록 한 라이브쇼다. 이러한 라이브 방송 시도는 오프라인의 다양한 활동들을 생중계하며 새로운 지평을 열 것으로 예측된다.

2016년 3월, KT는 세계 최초로 야구 경기를 VR로 생중계하기도 했다. '기가 VR'로 불리는 생중계 서비스는 경기장 내의 1루와 3루, 포수석에 VR 전용 카메라를 설치해 촬영한 영상을 실시간으로 조합해 제공했다.

해당 VR 라이브 영상은 스마트폰을 터치하면서 360도로 돌려서 보거나 카드보드, 기어 VR 등의 기기를 통해 감상할 수 있었다.

VR 라이브는 야구 경기 생중계를 비롯해 음

악 콘서트, 팬사인회 등 다양한 문화 공간으로 확대되어 새로운 디지털 콘텐츠 시대를 이끌 것으로 보인다. 이러한 VR 라이브는 페이스북 등 라이브 서비스를 제공하는 동영상 플랫폼에서도 보편화하면서 콘텐츠 제작 방식에도 많은 변화가 예상된다.

페이스북은 2016년 4월, 개발자 컨퍼런스에서 페이스북 메신저 내에 VR 기능을 탑재한 진화된 형태의 메신저를 선보이겠다고 발표했다. 이 메신저를 활용하면 VR을 통해 가상공간을 구현하고, 그 속에서 이용자들이 실제로 만나 대화를 하는 형태로 메신저 기능을 사용할 수 있게 된다.

VR 메신저는 기존의 텍스트 기반 메신저와 다르게 다양한 디스플레이 광고들이 게재될 수 있는 최적의 공간이기 때문에 기업들이 광고 콘텐츠를 제작, 유통할 수 있는 새로운 플랫폼이 될 수 있을 것으로 보인다.

현재 MCN 콘텐츠의 주류 형식을 네이티브 광고, 브랜디드 콘텐츠, 인플루언서 마케팅 그리고 미디어 커머스로 본다면, 다음 시장은 VR 라이브, VR 콘텐츠 속 광고, 멀티 생중계로 이어질 전망이다.

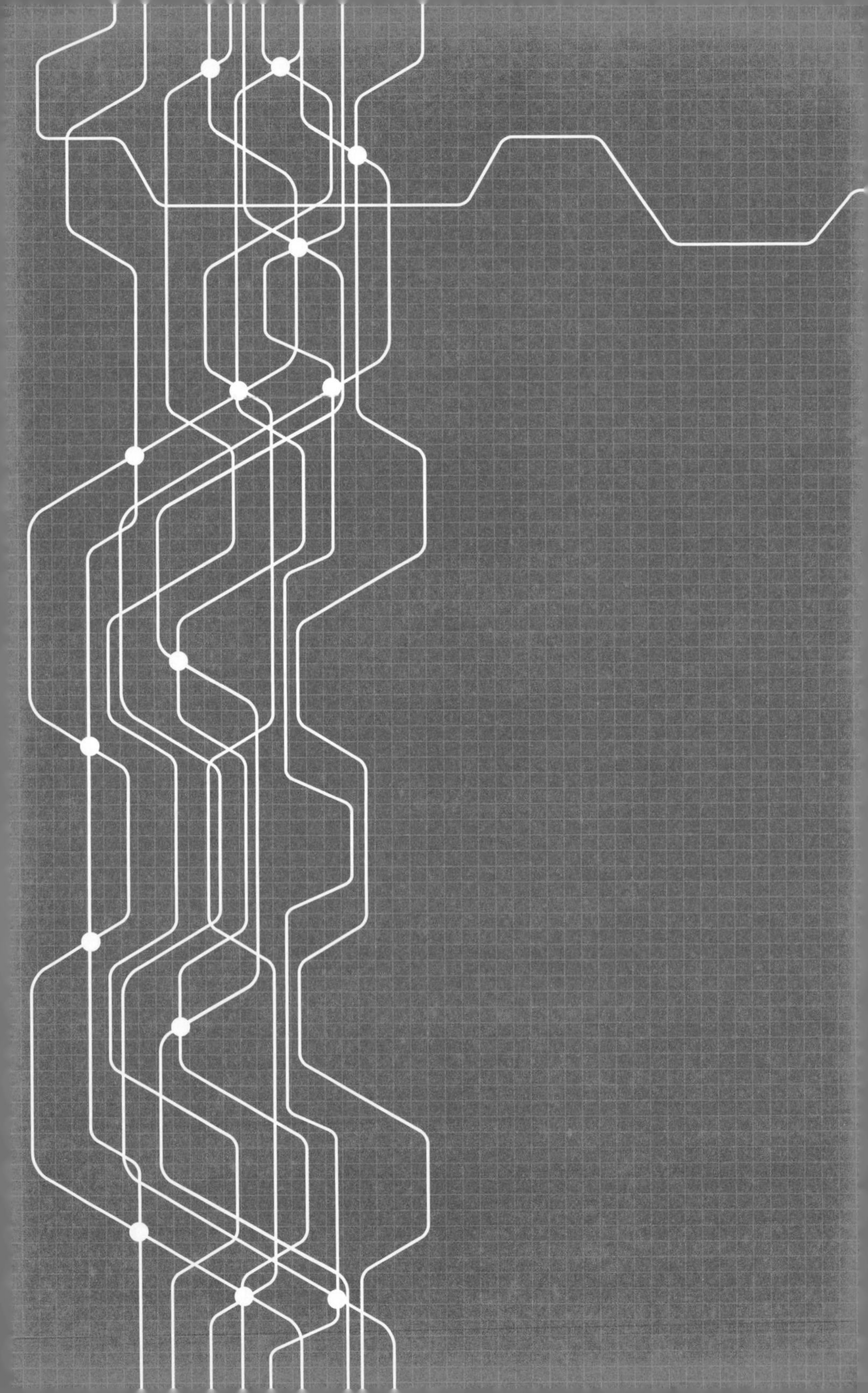

CHAPTER 04

플랫폼, 콘텐츠!
공룡들의 힘 겨루기

페이스북의 꿈, 모든 콘텐츠의 플랫폼

유튜브의 아성이 흔들린다

2016년 5월, 부산에서 개최된 콘텐츠마켓 2016 BCM Busan Contents Market 2016에서 바스트미디어의 공동 창업자 '마티아스 푸시만'은 전 세계 온라인 비디오 시청자들은 동영상 시청에 하루 평균 40분의 시간을 사용한다고 했다. 이 중 50%가 모바일을 통해 시청하고, 33%는 집 밖에서 시청한다. 동영상 콘텐츠의 소비가 주로 모바일을 통해 이뤄진다는 얘기다.

그 중심에는 유튜브가 있고 그 생태계에서 MCN 비즈니스가 성립됐고 성장해 왔다. 그 과정에서 MCN은 뉴미디어, 전통 미디어를 넘나들며 탈유튜브를 도모하며 영역을 확장 중이다.

유튜브에는 1분에 400시간 분량의 동영상 콘텐츠가 업로드된다. 2016년 6월 현재, 유튜브에는 20억 개의 동영상 콘텐츠가 있고, 누적 재생수는 39조 회에 이른다. 시간으로 따지면 196조 분으로, 콘텐츠 하나당 평균 5분 가량 플레이된다. 이를 다시 계산하면 동영상 플레이 시간은 총 4억 년이 된다. 사람의 평균 수명을 80살로 가정할 때 500명이 태어나서 죽을 때까지 아무것도 안하고 유튜브의 동영상을 보는 분량이다.

중요한 것은 단순히 콘텐츠의 양과 플레이 시간의 합이 아니다. 전체 동영상의 1%가 전체 콘텐츠 플레이 시간의 93%를 점유한다는 사실이다. MCN 기업의 생명은 킬러 콘텐츠 확보에 있다는 얘기다. 요는 MCN 기업들이 유튜브 생태계에서 쌓은 실력과 자본을 무기로 유료 콘텐츠 생산에 집중하고, 다채널에 유통하거나 자체적인 플랫폼을 만들어가야 한다는 시사점이 있다.

유튜브는 고민이 많을 것이다. 크리에이터들과 MCN 기업들은 계속해서 이탈하고 다른 플랫폼으로 확장하고 있으니 말이다. 또한 비슷하거나 더 발전한 모델의 플랫폼들이 생겨나면서 시장 경쟁은 가속화하고 있다. 그중 페이스북과 아마존은 유튜브의 아성을 흔들 조짐까지 보이고 있다.

페이스북이 달라졌어요

페이스북은 2016년 4월, 스마트폰을 활용하여 누구든 동영상 생중계를 할 수 있는 기능을 선보였다. 이른바 '페이스북 라이브 서비스'다. 텍스트, 이미지, 기촬영된 동영상을 업로드하는 포스팅 방식에 실시간 라이브까지 더하여 한 단계 더 진보한 것이다. 개인 유저들은 이 새로운 기능이 마냥 신기하고 재미있지만, 기업들은 계산속이 복잡하다. 이 서비스를 어떻게 홍보와 마케팅에 활용할지 숙제가 생긴 것이다. 광고업계의 생각은 더 나가서 "어떻게 광고로 연결할까?"에 이른다.

반면, 성공할까하는 의구심도 존재한다. 단언할 수는 없다. 다만 아래의 사례는 라이브 동영상의 성공 가능성을 어렴풋이 생각해 볼 수 있는 계기를 준다.

2016년 4월 9일에 생중계됐던 버즈피드의 '고무줄로 수박 터뜨리기' 영상이 그것이다. 이 영상은 실험복을 입은 두 명이 테이블 위에 놓여진 수박이 깨질 때까지 고무줄을 끼우는 일종의 실험 방송이었다. 수박이 터지는 데 걸린 시간은 45분, 고무줄은 680개가 끼워졌다. 고무줄 수가 늘어날수록 실험자의 긴장된 모습이 그대로 시청자에게 실시간 전달되었다. 큰 사건도 아니고 별것 아닌 동영상이었지만 시청자들로부터 강한 호기심을 유발하는 데 성공했다. 해당 영상은 실시간으로 80만 명이 시청했고, 생중계 뒤 2달 이후의 재생수까지 합치면 1천만 명이 넘는 시청자가 시청했다.

페이스북 라이브는 생중계가 끝나면 비디오로 전환된다. 아프리카TV의 라이브 방송과 유튜브의 업로드 방식이 결합된 형식이다. 생중계의 실시간성과 언제든 다시 볼 수 있는 VOD의 장점을 동시에 갖는다.

하나의 사례를 더 보자. 소소한 사례이기는 하지만 라이브 방송의 마케팅 활용 가능성을 생각해 볼 수 있다.

2016년 5월 20일, 평범한 주부이자 두 아이의 엄마인 '캔디스 페인'은 쇼핑몰에서 구입한 영화 스타워즈의 털북숭이 '츄바카 마스크'를 쓰고 웃음을 터뜨리는 모습을 페이스북 라이브를 통해 방송을 했다. 전염성 있는 웃음 덕분이었는지 생중계 이후 3일 간 그녀의 '웃는동영상'을 1억 5천만 명이 넘는 사람이 시청했다. 페이스북 라이브 서비스 이후 330만 개의 최다 공유도 일어났다. 이 일이 계기가 되어 캔디스는 ABC의 대표 프로그램인 '굿모닝 아메리카'에 출연했고, 마크 주커버그로부터 회사 초청을 받는 등 일약 스타덤에 올랐다.

그런데 사실 이 동영상의 최고의 수혜자는 미국의 유명 패션몰 '콜스 백화점' Kohl's이다. 백화점 측은 캔디스와 그의 가족 모두에게 츄바카 가면을 전달하면서 스타워즈 장난감 세트와 2500달러 상당의 상품권을 증정했다. 그리고 그 영상을 페이스북에 포스팅했다. 이 한장의 사진은 20만 명의 '좋아요'와 7만 건의 공유가 이뤄졌다. 발빠르게 이슈를 자기의 홍보 콘텐츠로 만들어 저비용으로 홍보 효과를 톡톡히 거둔 사례라 할 수 있다.

페이스북 내에서도 동영상 콘텐츠의 주 소비층은 18~24세의 젊은 층으로 보고 있다. 페이스북 라이브 동영상 서비스는 유저의 연령대를 확장시키는 효과가 있는 것으로 보고 있다. 이는 좁은 유저 타깃을 확대시키고 모든 연령대의 사람들을 대상으로 하는 미디어로 변신하고 있음을 보여주는 것이다. 페이스북 라이브 동영상 서비스에는 최근 언론사, 기업들이 뛰어들면서 현재 수많은 실험을 하고 있다.

버즈피드는 뉴스형 콘텐츠를 라이브로 생중계하고 있다. 버즈피드 뉴스와 체다가 그것이다. 체다의 구독자는 2만 명 남짓이지만 게시물당 평균 재생수는 2~3만 회에 달한다. 체다는 10대 청소년들이 출연하여 경제 이야기를 나누는 방송이다. 다른 페이스북 라이브 동영상들과는 달리 고화질 영상에, 하단에 자막뉴스가 흘러간다. 기존의 경제 방송의 포맷이 페이스북 라이브로 그대로 옮겨온 것이다.

국내 매체들도 라이브 서비스를 언박싱 채널, 현장 중계, 언론사 아침 회의 등에 활용하고 있다. 다양한 실험을 통해 사용자들을 사로잡는 콘텐츠와 방송 형식을 찾아가는 중이다.

페이스북 라이브 서비스는 다양한 주체들이 다양한 서비스를 기획하여 포스팅하면서 어느 정도 안정화 단계에 들어가면, 이를 수익화할 수 있는 방안들을 찾는 기업들도 생길 것으로 전망된다. 분명 그 기업들은 광고회사, 브랜드를 알려야 하는 회사들일 것이다. 늘 그래 왔듯이 페이스북은 거기에 맞게 광고 상품을 붙이고 수익을 도모할 것으로 보인다.

페이스북의 관심사는 동영상

페이스북의 최근 소셜네트워크서비스 시장 점유율은 점입가경이다. 1인 미디어의 총아라 불렸던 블로그와 상호간 다자간 실시간 짧은 소통의 방식으로 히트쳤던 트위터가 시들해지고 사람들은 페이스북으로 수렴하는 분위기다.

1인 미디어의 측면에서도 크리에이터들에게는 유튜브보다는 페이스북이 더 매력적이다. 크리에이터 입장에서 이미 유튜브에 확고한 둥지를 틀었다면 구태여 유튜브를 버리고 페이스북으로 둥지를 바로 옮겨갈 이유는 없겠지만, 새로이 1인 미디어 크리에이터로 진입하고자 한다면 페이스북이 정답에 가까운 것 같다.

페이스북은 지인과 유사 관심사를 갖는 사람들 간에 콘텐츠가 피라미드식으로 퍼져나갈 수 있는 독특한 알고리즘을 가지고 있다. 이는 사람들로 하여금 콘텐츠를 만들게 하는 강력한 촉매제가 된다. 간단한 글이든, 이미지든, 동영상이든 가장 먼저 친구들의 타임라인에 도달한다. 이 중 오프에서 관계를 맺은 사람이라면 좋아요, 공유, 댓글 등 어떤 반응을 보여줄 가능성이 높다. 이 액션은 콘텐츠가 지속적으로 새끼를 치듯이 피라미드식으로 퍼져나가는 자양분과도 같다.

사람들은 페이스북에 일기 쓰듯 자신의 일상을 수시로 포스팅한다. 놀이공원을 가고, 맛있는 음식을 먹고, 여행을 가고, 공연에 가고, 누군가를 만나고, 하물며 집에서 무위도식하는 내용을 올리기도 한다.

그런 시시콜콜한 내용들이 주변 지인들의 관심을 낳고 공유를 낳으면 콘텐츠 생산자는 더욱 고무되어 계속 포스팅을 하게 된다. 더 나아가 일상뿐만 아니라 정치, 경제, 사회, 문화적인 의견이나 지식을 포스팅하는 고차원적 콘텐츠와 의사소통을 추구하기도 한다.

가장 간단하면서도 강력한 콘텐츠 파급 알고리즘을 보유한 페이스북은 나날이 성장하며 사람들을 끌어들이고 있다. 이로써 1인 미디어 플랫폼으로서의 페이스북은 다른 경쟁 서비스들보다 한 수 위를 점하고 있다고 판단된다.

여기서 주목해야 할 것이 유저들이 올리는 콘텐츠의 유형이다. 페이스북은 한때 트위터의 대체재 또는 보완재 서비스였다. 그러나 이제 페이스북은 트위터를 완전 제압했고 유튜브를 능가하는 동영상 플랫폼으로 진화하고 있다.

2015년 1월부터 페이스북 동영상 게시물은 전년 대비 75%나 증가했다. 미국만 놓고 보면 전년대비 94%가 증가했다. 하루 기준으로 재생되는 동영상 횟수가 10억 회다.

한국 시장에서의 성장세도 무섭다. 2016년 6월, 유튜브가 동영상 콘텐츠 시장의 40.3%를 차지하며 점유율 1위를 지키고 있고, 뒤 이어 네이버TV캐스트가 14.1%, 페이스북이 12.8%를 기록하고 있다. 그런데 이는 3월과 비교했을 때 페이스북은 이용률이 83% 증가했고, 네이버TV캐스트는 41%가 증가한 반면 유튜브는 35% 증가하는데 그쳤다. 이는 동영상 플랫폼 시장의 독보적인 1위를 기록하고 있던 유튜브 영향력이 약해지고 페이스북과 네이버가 약진하고 있음을 의미한다.

페이스북이 동영상 콘텐츠 플랫폼으로 전환하는 데 주력하는 모습은 페이스북 설립자 마크 주커버그의 2015년 7월 선언에서 찾을 수 있다. 그는 이렇게 말했다.

"10년 전을 되돌아 보면 소통의 대부분은 텍스트를 통해 이뤄졌다. 현재는 그림과 사진이 대부분이지만 동영상이 무한대로 증가하고 있다. 다음의 콘텐츠는 몰입형 3D가 될 것이다."

2014년 3월, 페이스북이 '오큘러스리프트'를 20억 달러에 인수했다. 마크 주커버그는 이미 오래 전부터 동영상과 가상현실의 시대가 올 것을 예측하고 있었던 것이다. 오큘러스리프트는 가상현실 VR Virtual Reality 기기 전문 제조업체로 소니와 구글 등으로부터 관심을 받아온 기업이다.

그러나 오큘러스리프트가 다른 업체들로부터의 인수합병은 거절하고 페이스북을 선택한 이유는 특정 기업에 종속되기보다는 페이스북이 갖고 있는 연결성에서 새로운 가능성을 엿봤기 때문이다.

페이스북, 바이럴의 총아

페이스북의 강력한 바이럴 능력은 연예인이 인기를 얻는 과정에서 극명하게 드러난다.

걸그룹 EXID가 페이스북의 덕을 톡톡히 본 대표적인 경우다. 2015년 가요 '위아래' 열풍을 몰고왔던 EXID는 2012년 '후즈 댓 걸'이라는 노래로 데뷔했지만 크게 주목을 받지 못했다. EXID가 본격적인 인기가도를 달리게 된 것은 2014년, 파주에서 있었던 한 이벤트에서 팬들이 촬영한 동영상을 페이스북에 올리기 시작하면서부터다. 동영상은 입소문을 타며 일파만파로 퍼져나갔다. 이후 데뷔곡을 비롯해 이전에 발표되었던 노래가 다시 인기를 얻는 이른바 '역주행 현상'이 나타났다.

모바일 기기에서 동영상이 보이는 형식을 세로로 바꾸어 성공한 사례도 있다. 가수 백아연의 '이럴거면 그러지 말지', 유승우의 '꺼내 먹어요', 마마무의 '음오아예', 김나영의 '어땠을까'는 뒤늦게 인기를 얻은 경우인데 여기에는 콘텐츠 기업 메이크어스의 역할이 컸다.

2015년 6월, 메이크어스는 '세로라이브'라는 모바일 전용 콘텐츠를 선보였다. 세로라이브는 시청자가 화면을 돌리지 않고 모바일 기기 전체 화면으로 영상을 볼 수 있는 세로 동영상이다.

메이크어스는 가로보다는 세로로 찍은 동영상 광고의 몰입도가 높아서 광고를 끝까지 볼 확률이 가로 화면보다 9배 높다는 '스냅챗디스커버리'의 실험 내용에 착안했다.

메이크어스에서는 이러한 아이디어를 라이브 영상 콘텐츠에 도입해 세로라이브라 불리는 동영상 프로그램을 제작했는데, 상당한 인기를 끌었다. 백아연이 부른 '이럴거면 그러지 말지'는 세로라이브로 촬영 후 메이크어스의 주요 페이스북 채널인 '일반인들의 소름돋는 라이브', '세상에서 가장 소름돋는 라이브', '여자들의 동영상'에 포스팅됐다. 공개된 지 10일만에 조회수 160만 회를 돌파했고, 좋아요 47000개, 댓글 1만 개, 공유가 4500회 이뤄졌다. 발표된 지 2개월이 지났고 멜론차트 30위권 밖에 머물고 있던 '이럴 거면 그러지 말지'는 곧바로 1위로 직행했다.

백아연의 역주행 사례 이후 메이크어스는 유승우를 섭외해 세로라이브를 촬영했다. 유승우의 '꺼내 먹어요'의 경우, 원래 자이언티의 곡을 유승우가 기타를 연주하면서 자장가를 부르듯 달콤하게 부르면서 포스팅 3일 만에 조회수 282만 건을 기록하며 폭발적인 인기를 얻었다.

여기 가세하여 유저들이 유승우 버전의 '꺼내 먹어요' 기타 인터넷 강의를 올리면서 2차 바이럴이 이뤄졌고, 네이버 실시간 검색 1위를 비롯해 멜론, 엠넷, 올레 뮤직 실시간 차트 1위에 올랐다.

위의 사례들은 페이스북의 강력한 바이럴 효과에 대한 증거다. 바이럴이 무엇보다 중요한 연예계에서 페이스북을 바라보는 시각은 러브콜 그 자체이다.

뉴스를 삼킨 페이스북

2016년 5월, '퓨 리서치 센터'가 공개한 데이터에 따르면 미국에서는 전체 인구의 44% 가량이 소셜미디어 플랫폼을 통하여 뉴스를 접한다고 한다. 성인으로만 한정하면 미국 전체 성인의 62% 소셜미디어에서, 페이스북으로만 한정하면 페이스북 사용자 중 성인의 3분의 2가 페이스북을 뉴스 소비창구로 활용하고 있다.

페이스북은 모든 뉴스를 자기네 플랫폼 내에서 소비할 수 있게 만들기 위해 2016년 4월 12일 '인스턴트 아티클'을 모든 매체에 공개했다. 전에는 모바일 기기에서 기사를 보기 위해서는 페이스북에 게재된 뉴스 링크를 클릭하여 해당 홈페이지로 이동하게 되어 있었다. 그러나 '인스턴트 아티클' 방식으로 게시된 뉴스는 페이스북 내에서 바로 볼 수 있다. 즉 다른 사이트나 플랫폼으로 이동하지 않아도 된다. 이는 모든 콘텐츠를 페이스북 내에서 소비시키겠다는 포괄적인 전략의 일환이다.

2015년 5월에 처음 서비스를 공개했을 때, 해외에서는 버즈피드, 뉴욕타임스, 국내에는 SBS가 시범적으로 이 서비스에 참여했고, 올해는 CMS를 사용하는 모든 콘텐츠 업체도 '인스턴트 아티클'을 사용할 수 있도록 공개했다.

그렇다면 언론사에게는 무엇이 남는가? 힘들여 만든 뉴스 콘텐츠가 자신의 플랫폼이 아닌 타 플랫폼에서 소비되는 현상을 어떻게 받아들일 수 있을까? 언론사의 주요 수입은 광고다. 자사 사이트로 사람들이 몰려와야 광고를 유치할 수 있고 그에 따른 수익이 발생한다. 당연히 '인스턴트 아티클' 방식이 달가울 리 없다.

그러나 사람들이 소셜 플랫폼으로 수렴하고 있는 상황에서 자체 사이트로만 서비스를 하는 것은 고립을 자초할 수 있다. 페이스북 측은 '인스턴트 아티클'에 광고가 붙을 경우 페이스북과 언론사가 3대 7의 비율로 광고 수익을 배분하겠다고 밝혔다. 결국 언론사는 뉴스 콘텐츠를 제공자로서 역할이 고정되어 가고 있는 형국이다.

굴뚝산업인 제조업이 유통에 종속되는 것처럼, 뉴미디어 분야에서도 유통이 생산을 장악하는 전형적인 모습이다. 수익 배분율은 어떻게 변화할지 알 수 없다. 페이스북 영향력의 향배가 수익 배분율의 변화에 영향을 미칠 것은 자명하다. 페이스북은 늘 그래왔다.

인기 페이지, 스스로 광고매체가 된다

페이스북이 소셜미디어 플랫폼의 대세로 등장하고, 강력했던 포털 사이트의 영향력까지 잠식하기 시작하자 새로운 수익 모델이 발생했다. 이는 플랫폼의 운영주체인 페이스북이 만들어낸 것이 아니고 그 생태계 내에서 자생한 수익 모델이라고 봐야 한다. 유튜브에 동영상을 만드는 크리에이터들이 있다면, 페이스북에는 수십, 수백만 명의 팔로워를 가진 페북스타들이 있다.

물론 개인이나 기업의 브랜딩을 위한 페이지도 있지만, 페이스북의 서비스 로직에 정통한 유저들이 전파성이 강한 개성 있는 콘텐츠를 만들어 엄청난 수의 팔로워를 모은 경우가 있다. 이들이 올린 콘텐츠에 몇만 개의 '좋아요'와 수천, 수만 번의 공유가 일어나는 일은 어렵지 않게 발견된다.

광고를 해야 하는 기업은 이런 페이지를 놓치지 않는다. 광고 콘텐츠를 유통할 수 있는 중요한 매체로 간주해 광고를 의뢰한다. 하나의 지협적인 예로, 화장품 중소 브랜드의 기업 마케팅 담당자에 따르면 팔로워의 수, 평균 '좋아요'의 수에 따라 광고 단가 차이가 난다고 한다.

인기 페이스북 개인 개정, 혹은 인기 페이지에 광고 콘텐츠를 1번 포스팅 하는데 적게는 5~10만 원, 많게는 100~300만 원 선의 비용이 지불되고 있다. 유추해 보면 한 달에 수백, 수천만 원의 광고 수입을 올리는 페북스타들이 존재한다고 봐야 한다.

비용 문제로 TV 광고 등 매스마케팅을 하기 어려운 중소기업에게 저비용 고효율 효과를 얻을 수 있는 소셜미디어는 가뭄에 단비와도 같은 마케팅 수단이 아닐 수 없다.

실제 페이스북 스타들을 관리하는 MCN도 존재한다. 기업으로부터 광고를 유치하고, 관련성이 깊은 인기 페이스북에 콘텐츠를 올려주는 방식이다. 크리에이터들도 유튜브에만 의존하지 않고 페이스북에도 둥지를 틀고 다채널 전략을 구사하는 이유는 여기 있다.

아마존의 꿈, 거대한 콘텐츠 왕국

유튜브와 넷플릭스 정조준

국내에는 아마존 하면 미국의 최대 온라인 서점, 해외직구가 용이한 전자상거래 사이트 정도로 알려져 있다. 그러나 아마존은 현재 커머스, 물류, 데이터, 콘텐츠에 이르기까지 거대한 왕국을 만들어 나가고 있다. 특히 디지털 콘텐츠와 관련해서는 '아마존 프라임' 서비스를 주목할 필요가 있다.

'아마존 프라임'은 2016년 6월 기준, 6천만 명이 가입한 연회비 99달러의 유료 콘텐츠 서비스다. 가입자는 프라임 뮤직, 킨들북, TV와 영화를 비롯해 아마존에서 제공하는 모든 콘텐츠를 즐길 수 있다. 월 8.99달러의 별도 정액제 유료 서비스인 '아마존 프라임 비디오'도 론칭했다. 아마존 프라임보다 동영상 콘텐츠를 더 강화한 서비스다.

아마존은 이미 3년 전부터 유료화를 염두에 둔 양질의 콘텐츠를 자체적으로 제작해 왔는데, 이는 스트리밍 서비스를 강화하는 전략으로 넷플릭스를 의식한 포석으로 풀이된다.

넷플릭스는 현재 전 세계 8천만 명의 가입자를 보유한 세계 최대 동영상 스트리밍 업체다. 월 9.99달러를 내면 TV, 영화, 드라마 등 다양한 콘텐츠를 시청할 수 있다. 유튜브도 뒤질세라 월 9.99 달러 유료 서비스인 '유튜브 레드'를 2015년에 선보였다.

아마존 프라임은 일단 넷플릭스, 유튜브보다 1달러 더 싸다. 특히 '아마존 비디오 다이렉트' AVD Amazon Video Direct는 유튜브를 정조준하여 출시한 서비스로 보인다. 이 서비스는 콘텐츠를 제작하는 업체든 개인이든 누구에게나 열려 있는 비디오 플랫폼으로, 유튜브처럼 사용자가 동영상을 올리고 수익화할 수 있는 서비스다. 차별점이 있다면 유튜브는 광고 수익에만 한정돼 있지만, 아마존 비디오 다이렉트는 수익을 설정하는 방식, 노출하는 형태에 따라 수익 모델이 다양하다.

예를 들어 아마존 비디오 다이렉트에 올린 동영상을 아마존 프라임으로 등록해 판매할 경우 고객이 콘텐츠를 시청하는 시간에 따라 수익이 책정된다. 만약 고객이 한 시간 시청을 하면 미국 지역에서는 15센트, 미국 외 지역에서는 6센트를 받는 식이다. 시청에 따른 수익화는 최대 50만 시간까지 가능하기 때문에 제작자는 시청시간당 3만 달러에서 최대 7만 5천 달러까지 매출을 일으킬 수 있다.

만약 편당 결제를 하는 아마존 인스턴트 비디오로 판매를 할 경우 콘텐츠 제작자는 유료 판매, 대여 등으로 발생하는 수익의 50%와 광고 매출 순익의 50%를 아마존으로부터 받게 된다. 더불어 재생수나 구독수 증가세에 따라 로열티를 받을 수도 있다. 아마존 비디오 다이렉트가 선보인 다양한 구조의 수익 모델은 제작자뿐만 아니라 시청자, 플랫폼 사업자 모두가 윈윈할 수 있는 방안이다.

제작자의 경우 기존 유튜브에서 활동했던 MCN 기업들 중 달유튜브를 꿈꾸는 업체들을 비롯해, 북미지역에서 활동하는 영화 제작업체들, 양질의 콘텐츠를 생산하는 개인 창작자들이 콘텐츠에 대한 정당한 가격 평가를 받을 수 있다.

시청자 입장에서는 구태여 '아마존 프라임 회원'이 되어 돈을 지불하지 않아도 본영상에 앞서 플레이되는 광고를 봄으로써 무료 시청이 가능해 다양한 선택권이 주어진다.

플랫폼 주체인 아마존의 경우 신규 서비스를 통해 대규모 투자없이 아마존 프라임 비디오의 콘텐츠 수급을 강화하면서, 넷플릭스와 유튜브의 유저들을 유인할 수 있다. 아마존이 이 서비스를 발표하자 이러한 기대가 반영돼 주가가 급등하기도 했다.

아마존은 또한 제작자들을 독려하는 정책도 구사하고 있다. 비디오 다이렉트 순위 100위 안에 드는 콘텐츠 제작자들에게 매월 1백만 달러를 지원하는 AVD스타즈가 그것이다. 아마존의 오리지널 시리즈인 '피어 워킹데이'는 꽤 많은 제작비가 들어간 콘텐츠인데, 이러한 제작자 프로모션을 통해 저비용으로 양질의 콘텐츠를 확보할 수 있고, 더불어 비디오 다이렉트 콘텐츠의 수급을 촉진하는 걸 기대하는 것이다.

아마존 비디오 다이렉트 파트너에는 IT매체인 매셔블, 영국의 일간지 가디언, 비즈니스 인사이더 등의 언론 기업들과 MCN 업체인 머시니마, CJ E&M 아메리카가 포함돼 있다. 또한 영상제작사인 나스트엔터테인먼트, 장난감 제조업체 마텔, 영화 배급사 사무엘 골드윈 필름 등도 포함돼 있는 것으로 봐서 아마존은 유튜브를 비롯해 글로벌 OTT 전체를 대상으로 총공세를 준비하고 있는 것으로 보인다.

아마존은 유튜브가 스타를 발굴하는 플랫폼이었음을 주목하며, 그들도 이와 같은 개념으로 아마존 비디오 다이렉트 스타들을 양산해 내려고 한다. 헐리우드 스타를 능가하는 헐리튜브가 밀레니얼세대들로부터 팬덤을 형성했듯이, 아마존도 차세대의 주소비층으로 밀레니얼세대를 공략하려는 의지를 보이고 있다.

현재 아마존 비디오 다이렉트는 미국, 독일, 오스트리아, 영국, 일본에서 서비스하고 있다. 충성도가 높고 유료 회원수가 많은 유럽의 일부 국가와 일본에서 시장성을 타진한 후 서비스를 글로벌로 확대할 예정이다.

2016년에는 인도 서비스도 앞두고 있다. 아마존은 여러 나라로부터 다양하고, 많은 콘텐츠를 확보하여야 동영상 플랫폼 경쟁에서 우위를 점할 수 있다고 판단한 것 같다.

트위치TV, 한국에 상륙

트위치TV는 아프리카TV와 같은 라이브 방송 서비스지만 게임에 특화돼 있다. 2016년 현재, 글로벌 시장을 대상으로 1만 2천 개의 파트너사의 프로그램을 방송 중이며, 국내 게임업체들과도 파트너십을 논의하며 2015년 말, 한국 시장에 발을 디뎠다. 트위치TV는 글로벌 시청자가 월 1억 명을 돌파했다.

트위치TV는 단순 계산해도 아프리카TV의 1일 시청자 6~70만 명, 월 단위 2천만 명보다 5배 더 많은 시청자를 확보하고 있다. 이 정도의 파워풀한 시청자수를 가지고 있기 때문에 국내에 상륙하면 곧바로 아프리카TV가 확보한 시장을 잠식하지 않을까 하는 우려가 있었다. 특히 아프리카TV 콘텐츠의 6~70%가 게임이기 때문이다.

현재 트위치TV에서 주로 중계되는 게임은 리그 오브 레전드(LoL), 도타 2, 카운터스트라이크:글로벌 오펜시브(CS:GO), 오버워치, 하스스톤 등의 온라인 게임과 더불어 엑스박스, PS4 등 비디오 게임에 이르기까지 장르는 매우 다양하다. 수많은 해외 게임쇼나 e스포츠 중계도 여기서 방송된다.

아마존이 2014년에 트위치TV를 인수하기 위해 현금을 싸들고 찾아갔던 것도 전 세계 게임팬들의 스트리밍 트래픽의 잠재력을 높이

샀기 때문이다.

트위치TV는 2016년 6월 현재, 미국 인터넷 방송 업계 점유율이 43.6%에 달하며 한 달 평균 방문자수는 4500만 명에 이른다. 월간 170만 명 이상의 스트리머가 600만 개 넘는 방송을 진행하며 시청자는 하루 평균 106분 정도 방송을 시청한다. 한 달에 시청하는 시간을 모두 합하면 120억분 이상이다. 모바일 앱은 3800만 명 이상의 다운로드를 기록하고 있다.

트위치TV에서 방송을 진행하는 크리에이터를 가리켜 '스트리머' 또는 '브로드캐스터'라 부른다. 아프리카TV의 경우 인기 BJ가 되어야 고화질 라이브 방송을 할 수 있지만, 트위치TV의 경우 누구라도 고화질 라이브 방송을 할 수 있다. 크리에이터들이 어떤 방송 플랫폼을 이용할까 고려할 때 고화질 방송이 가능한지 여부는 중요하다. 동영상의 화질도 시청자들의 선택을 받는 중요 요소이기 때문이다.

트위치TV는 2015년, 월스트리트저널에서 밝힌 미국내 인터넷 트래픽 순위에서 넷플릭스, 구글, 애플에 이어 4위를 차지했다. 고화질 콘텐츠가 다량의 데이터 트래픽을 유발하기 때문이다.

트위치TV의 스트리머(우리식으로는 BJ)들의 주 언어는 영어다. 아무래도 전 세계 게임팬들을 대상으로 하기 때문에 가장 보편적인 언어인 영어가 대세인 셈이다. 트위치TV에서 영어로 활동하는 한국 게임 크리에이터들도 꽤 있다. 영어가 가능하다면 글로벌을 지향해 트위치TV를 공략하는 것도 좋겠다. 프로게이머로 활약했던 박태

민 스트리머의 경우 트위치TV에서 게임 중계를 하기 위해 1년 간 영어 공부를 했고, 방송을 하면서 자연스럽게 영어 고수가 됐다는 에피소드도 있다.

트위치TV가 크리에이터들에게 인기있는 요인 중에서 빼놓을 수 없는 것이 다양한 수익 모델이다. 광고, 구독료, 도네이션의 형태로 매출이 발생한다. 이 중 시청자가 한 달에 일정 금액을 스트리머에게 기부하는 방식의 구독이 있다. 구독료를 지불한 사람은 전용 채팅창에서 특별 이모티콘을 사용해 방송을 시청할 수 있다. 채팅창에 구독자를 나타내는 별도의 표시가 있어서 중계 중에 구독자의 특별 이모티콘이 뜨면 스트리머는 자신에게 돈을 주는 시청자를 바로 알아볼 수 있다. 반가움을 표시할 수 있을 것이다. 그러면 시청자는 무언가 대접받는 느낌을 받을 것이다. 이런 상호관계가 좋은 수익 모델로 정착할 수 있다. 구독료 외에 도네이션은 페이팔을 통해 시청자가 스트리머에게 원하는 만큼 돈을 지불할 수 있다.

북미 리그 오브 레전드(LoL)팀인 디그니타스에서 원딜로 활동했던 '아임어큐티파이'Imaqtpie는 트위치TV에서 성공한 스트리머이다. 그는 2015년 11월, 게임 생중계로 1만 4천 달러 가량을 벌었다. 이 중 광고 수익만 1만 2천 달러, 구독료는 2100달러였다. 해당 생중계 방송은 1시간 평균 15264명이 볼 정도로 대단한 인기를 끌었다.

이상을 종합해 보면 아마존은 영화, 드라마 등을 제공하는 넷플릭스 같은 OTT Over the Top 사업자들과 더불어 유튜브, 페이스북, 비메오 등 동영상 플랫폼을 겨냥하기 위해 아마존 비디오 다이렉트 서비스를 출시했으며, 구글의 유튜브 게이밍, 유스트림 등 라이브 방송 서비스 업체들도 염두에 두고 트위치TV를 인수했다는 결론이 나온다.

아마존은 플랫폼 사업자로서 좀 더 큰 그림을 그리는 중이다. 업계 관계자들은 향후 아마존이 어떻게 자신들의 목표를 이뤄나갈 것인지 지속적으로 예의주시해야 할 것이다.

한국의 개인방송 플랫폼이 나아갈 길

아프리카TV 글로벌 플랫폼과 경쟁해야

국내의 디지털 콘텐츠 플랫폼 중에서 아프리카TV를 빼놓을 수 없다. 아프리카TV의 전신인 '나우콤'은 1994년 설립돼 PC통신 서비스 나우누리를 운영하던 회사다. 이후 콘텐츠딜리버리네트워크 Contents Delivery Network 서비스에서 게임 서비스에 이르기까지 다양한 IT 서비스를 제공하며 덩치를 키워왔다.

나우콤은 2011년 11월, 서수길 대표이사 체제로 바뀌었는데, 그는 액토즈소프트, 위메이드엔터테인먼트 대표를 거친 게임업계의 거물이었기에 외부에서는 나우콤이 게임사업을 키울 것이라고 예상했다.

그러나 서 대표는 별풍선이라는 수익 모델에 주목하고 2013년 3월, 아프리카TV로 사명을 바꿨다. 선택과 집중의 일환으로 돈 안 되는 사업은 모두 접었다. 심지어 외부의 예상과는 달리 캐시카우였던 게임사업도 모두 매각했다. 그리고 사업의 초점을 인터넷 개인방송에 집중했다.

별풍선은 시청자들이 BJ에게 선물하는 유료 아이템이다. 초창기 아프리카TV 추천 기능이었던 별과 팬덤을 상징하는 풍선을 결합해 만든 기부형 아이템이다. 가격은 1개에 100원, 시청자들이 BJ에게 별풍선을 선물하면 BJ들은 등급에 따라 20~40%의 수수료를 아프리카TV에 떼어주고 자신의 수입을 챙긴다. 아프리카TV의 매출 추이를 보면 2011년부터 2015년까지 216억 원, 278억 원, 339억 원, 446억 원, 628억 원을 기록하며 매년 큰 폭의 신장을 하고 있다. 매출의 증가는 BJ수의 증가와 맥을 함께 한다. 또한 회사의 수익은 물론 BJ들의 수익도 꾸준이 증가해왔다.

우리나라의 대표 크리에이터인 대도서관, 김이브, 양띵 등이 모두 아프리카TV의 BJ 출신이다. 이들은 지금도 아프리카TV에서 개인방송을 하고 있다. 인기 BJ들의 수익은 정확하게 밝혀지진 않았지만 2015년 12월, 별풍선 환전 현황을 보면 한 달에 1억 원을 환전한 BJ도 있다. 그리고 100여 명의 인기 BJ들은 월 1천만 원 수준의 수입을 올리고 있다.

아프리카TV에서 하루 만들어지는 콘텐츠는 12만 개 수준이고 BJ는 30만 명에 달하며, 하루에 유입되는 시청자 수도 60만 명 이상이다. 이렇게 지속적으로 BJ수가 늘어나고 콘텐츠가 생산되는 것은 별풍선이라는 수익 모델이 성공했기 때문이다.

수익 모델을 통해 돈을 버는 크리에이터들이 생기고, 그러면서 지속적으로 크리에이터들이 늘어나고, 자연스레 콘텐츠가 늘어나고, 그러면서 시청자들이 늘어나고, 별풍선 수익은 더 많이 발생하는 선순환 구조 속에서 아프리카TV는 몇 년 새 괄목한 성장을 이뤘다고 할 수 있다. 밀레니얼세대들에게는 BJ가 하나의 직업으로 인식되는 것도 아프리카TV에게는 큰 동력이다. 아프리카TV에서 활동을 하려는 BJ들은 지금도 계속 늘어나고 있다.

몇 년 동안 승승장구했지만 아프리카TV가 미래 먹거리를 위한 고민이 없는 것은 아니다. 무엇보다 별풍선을 대체할 수익원 발굴이 급선무다. 기존의 플랫폼 비즈니스의 흐름을 보면, 콘텐츠가 풍성해지고 유료 비중이 커지면서 가입자당 지출 비용과 콘텐츠 운영사의 매출이 증가하게 된다. 그러나 아프리카TV의 경우 콘텐츠가 많아진다고 해서 별풍선 판매 수수료가 꼭 비례해 증가하진 않는다. 물론 인기 BJ가 많아지면 이에 따른 별풍선 수입이 증가하겠지만, 별풍선을 굳이 구매하지 않아도 BJ들의 방송을 시청하는 데 큰 무리가 없기 때문이다.

따라서 아프리카TV는 향후, 광고를 통한 수익 모델 발굴에 역량을 모으지 않을까 필자는 예상한다.

아프리카TV의 또하나의 아킬레스건은 앞 장에서 이미 밝힌 바와 같이 별풍선의 과도한 남발과 선정적이고 자극적인 콘텐츠의 유통이다. 지난 몇 년 간 부정적 이슈는 끊임없이 발생했고 지금도 크고 작은 잡음이 끊이지 않는다.

아프리카TV의 경쟁 상대는 유튜브, 페이스북, 트위치TV 등 글로벌 플랫폼들이다. 이들과 경쟁하려면 서비스의 품질을 격상시켜야 한다. 물론 콘텐츠는 크리에이터나, BJ들이 만드는 것이다. 어떤 가치를 가지고 플랫폼을 운영할 것인가가 중요하다. 그 가치에 따라 모여드는 크리에이터와 시청자의 질도 판가름 나는 것이기 때문이다.

모바일 개인방송, 판도라TV의 플럽

국내 플랫폼 중에 눈여겨볼 또 하나의 서비스가 있다. 판도라TV의 '플럽'이다. 플럽은 2015년 9월, 베타버전을 시작해 2016년 4월에 정식버전을 출시했다. 아프리카TV가 PC 플랫폼 위주의 개인방송이었다면 플럽은 철저히 '모바일'에 중점을 둔 개인방송 서비스다. 편의성에 초점을 둔 서비스답게 앱 실행 후 2번만 터치하면 방송 진행이 가능하다. 성별이나 연령, 국가의 제한도 없다. 2016년 6월 현재, 플럽의 일일 방송 횟수는 800건 수준이다. 모바일자키 MJ Mobile Jockey라 부르는 진행자들은 총 7천여 명 정도다. 아프리카TV의 규모에 비할 것은 아니지만 향후 밀레니얼세대를 사로잡을 플랫폼으로 성장할지 귀추가 주목된다.

멀티 플랫폼 전략을 취하라

판도라TV의 역할에 거는 또 다른 중요한 기대가 있다. 국내 MCN 들의 콘텐츠를 해외로 실어나르는 플랫폼 역할을 자처하고 나섰다는 점이다. 2016년부터 판도라TV는 크리커스, 아이콘TV 등 중견 MCN 들과 잇따라 제휴를 맺으며 콘텐츠를 수급하고 있다.

국내의 오픈형 동영상 서비스 시장에서는 판도라TV가 유튜브에 밀렸지만, 수년 간 독자적으로 트래픽 분석을 위한 시스템을 구축해왔다. 유튜브와 직접적으로 경쟁하기보다는 유튜브가 제공할 수 없는 서비스로 차별화를 꾀한 것이다. 그중의 하나가 한류 콘텐츠를 해외에 소개하는 '코리아 톱 100'이다. 이를테면 음악, 엔터테인먼트, 예능 등 카테고리 별로 '한국에서 인기있는 동영상'을 랭킹 100위까지 나열한 것인데, 순위를 집계하기 위해 독자 개발한 트래픽 분석 툴을 적용했다.

MCN 입장에서는 스스로 만든 콘텐츠가 어떤 연령대에서 인기가 높은지, 각 사이트별로 인기 있는 곳은 어디인지 궁금하기 마련이다. 유튜브도 국가별, 연령대별 트래픽 분석 툴을 제공하고 있지만 국내 사이트별로 어디에서 인기가 있는지 등의 내용은 제공하지 않고 있다. 여기에 유튜브 말고도 페이스북, 네이버TV캐스트 등 국내 여타 다른 플랫폼에 콘텐츠 업로드와 관리를 원스톱으로 할 수 있도록 판도라TV가 돕고 있다.

판도라TV 같은 비주류 플랫폼에 거는 기대치는 매우 높다. 국내에서는 유튜브가 아니더라도 동영상 콘텐츠를 소비할 수 있는 서비스가 매우 다양하기 때문이다. 특히 지상파TV 클립 영상 콘텐츠는 유튜브에서 볼 수 없기 때문에 콘텐츠를 소비하는 소비자들이 분산된 탓도 있다. 그래서 2016년부터 부각된 단어 중의 하나가 MPN Multi Platform Network 멀티 플랫폼 네트워크이다.

통신사들의 모바일 IPTV를 예로 들어보자. SK브로드밴드의 '옥수수', KT의 '올레TV 모바일', LG유플러스의 'U+TV' 모두 방송 콘텐츠, 영화 그리고 MCN 콘텐츠를 서비스한다.

SK텔레콤은 MCN 콘텐츠만 따로 제공하는 모바일 동영상 서비스 '핫질'을 내놓기까지 했다.

이는 '인터넷 스타들의 동영상을 보려면 반드시 유튜브에 접속한다.' 라는 공식이 깨지면서 본인이 원하는 스타들의 콘텐츠를 다른 플랫폼에서 소비할 수 있음을 의미한다. 또한 MCN 기업과 크리에이터 입장에서는 유튜브에서 발생하는 광고 수익 외에도 또 다른 플랫폼을 통해 수익을 얻을 수 있게 됐다는 것은 두말할 필요가 없다.

이런 가운데, 앞서 언급했던 네이티브 광고 콘텐츠와 커머스 전략이 더해지면 유튜브에서 벗어나는 속도가 빨라질지도 모른다. 다양한 플랫폼을 통한 콘텐츠의 전파는 MCN이 갖춰야 할 기본 전략이 되가고 있다.

회전초밥집은 MCN이다

필자가 메이크어스에 재직할 당시 '딩고' Dingo브랜드 론칭을 경험했고, 딩고 채널을 통해 수많은 콘텐츠들이 생산되는 것을 지켜봤다. 그 과정에서 소위 '대박을 터뜨리는 콘텐츠 공식'에 맞춰 제작된 콘텐츠들이 수천 회를 넘어 수만, 수십만 회 공유되면서 SNS를 장악하는 것도 목도했다. 그것은 짜릿한 경험이 아닐 수 없었다. 홍보 총괄 책임자로서 그 결과들을 널리 홍보하여 콘텐츠의 가치를 극대화하는 일은 물론, 회사의 가치를 높이는 일을 했다. 물론 그 이후 회사를 떠났지만, 콘텐츠를 잘 만들고 잘 퍼뜨리는 방법을 익히 경험했기에 그것을 바탕으로 업에 대해 차근차근 풀어나가면서 이 책을 쓰면 되겠지 하는 마음이었다.

최대한 객관적인 시각을 견지하며 다양한 자료들을 조사하고, 전문가들을 인터뷰하여 도움을 받아 책을 썼다고 생각했지만 원고를 마감하고 난 후 두 달쯤 지나고 돌이켜 보니 혹시 반쪽짜리 경